成功系列

改变人生方向的20堂课

从Better 到Best

[美] J.马丁·科尔　詹姆斯·E.艾伦　拉塞伦·H.康维尔　著

王 华 编译

经济管理出版社
ECONOMY & MANAGEMENT PUBLISHING HOUSE

著作权合同登记号：图字：01－2003－8033

图书在版编目（CIP）数据

改变人生方向的 20 堂课：从 Better 到 Best/
（美）科尔等著；王华编译 . —北京：经济管理出
版社，2004

ISBN 978－7－80162－855－8

Ⅰ. 改… Ⅱ. ①科… ②王… Ⅲ. 成功心理学
Ⅳ. B848.4

中国版本图书馆 CIP 数据核字（2004）第 008410 号

出版发行：**经济管理出版社**

北京市海淀区北蜂窝 8 号中雅大厦 11 层

邮编：100038

印刷：三河市海波印务有限公司　　　经销：新华书店

责任编辑：顾 佳 陈 力

技术编辑：晓 成 黄 铄

责任校对：超 凡

880mm×1230mm/32　　　5.5 印张　　　80 千字

2004 年 3 月第 1 版　　　2011 年 4 月第 2 次印刷

定价：16.00 元

书号：ISBN 978－7－80162－855－8

目　录

改变人生
方向 的20堂课

译 者 序

在美国，沃格·麦迪罗的名字几乎家喻户晓，妇孺皆知。他是一位杰出的企业家，《成功无止境》杂志社的创办与发展，使他成为商界明星；他是一位成功的作家，《世界上最伟大的推销员》以优美精妙的文字和闪光的智慧赢得了世人的赞誉；他也是一位极具煽动性和感染力的演说家，口舌如簧、妙语连珠，无人不赞、无人不服。但他的声名远播，更因其颇富传奇色彩的人生经历——在他成功之前，曾经是人人骂之的流氓、一文不名的流浪汉。

是什么使沃格·麦迪罗的人生发生了戏剧性的变化？是什么使成功的光芒照耀着一无所有的流浪汉？是智慧！沃格·麦迪罗的智慧不仅仅是聪颖的天资，更有其赋予困苦生活的热情和面对人生辛酸的勇气。"今天，我从伤痕累累的失败之茧中爬出来，用爱去面对世界，开始新一天的生活。"结束

改变人生

方向的20堂课

流浪生活的麦迪罗这样对自己说。他有过种种美妙
的未来构想，有着许多宏伟的生活目标，却为了寻
找实现这些梦想和目标的捷径而冥思苦想。

最终，麦迪罗选择了图书馆，决定到书海中去
寻找自己的人生航向，在先辈智者的教诲中去体味
荣辱得失的真谛，更在一部部充满大智大慧的经典
中去获取赖以成功的知识和精神，最大限度地实现
残余人生的价值。他阅读了 12 本书，其一是西学
之源《圣经》，其余依次是：《最伟大的力量》、
《钻石宝地》、《思考的人》、《向你挑战》、《本杰
明·富兰克林自传》、《获取成功的精神因素》、
《思考致富》、《从失败到成功的销售经验》、《神奇
的情感力量》、《爱的能力》、《信仰的力量》等。

沃格·麦迪罗从这 12 本经典著作中找到了成
功的底蕴和契机，并在其代表作《世界上最伟大
的推销员》一书中，将此 12 本书描绘为 11 道羊皮
卷。羊皮卷代表成功的智慧、机遇及其途中的艰辛
荣辱。为此，我们再次整理编译这 11 本（《圣经》
除外）书时，以"羊皮卷"命名。

最伟大的力量

——J. 马丁·科尔

　　"数以百亿的人都是在艰难困苦中万般无奈地度过一生的，惟一的原因就是他们没有意识到自己具有的最伟大的力量。"J. 马丁·科尔这样说道。这一说法绝不是他的凭空之言，而是他的经验之谈。作为一位作家、演说家和心理学家，他游历于美国各地，为人们释难解疑。他的出现，促使千千万万的人勇敢地站起来面对各种困难，并想方设法解决难题。

关于这本书

这是一部极具启发性的杰作。

"数以百亿的人都是在艰难困苦中万般无奈地度过一生的，惟一的原因就是他们没有意识到自己具有的最伟大的力量。" J. 马丁·科尔这样说道。这一说法绝不是他的凭空之言，而是他的经验之谈。作为一位作家、演说家和心理学家，他游历于美国各地，为人们释难解疑。他的出现，促使千千万万的人勇敢地站起来面对各种困难，并想方设法解决难题。尤其重要的是，他还为人们留下了类似于《最伟大的力量》这样的书籍，在以后的生活中帮助他人面对生活。其原因是，倘若你找到了自己的最伟大的力量，你会永远难以将它忘却！本书将促使你的人生拥有更大的幸福与成功。

你手中有选择的权利

力量,是每个人都有的。但是选择不去挖掘、运用它,却是任何人都可能犯的错误。某些力量表现得极为明显,甚至于明显得连它的存在你都没有意识到。如此一来,你可能就不会积极主动地去挖掘运用J. 马丁·科尔所发现的"最伟大的力量"。……力量这玩意儿,不仅仅你有,任何一个男人、女人,他们每一个人都有。

心的宁静……幸福……身心的健康……成功和富足……只要你读完J. 马丁·科尔所撰写的这本《最伟大的力量》,并且遵照他在书中所述的秘诀去做,你就必定会得到这一切。

千千万万人的生活,也许是上亿人的生活,都因科尔一个劲儿地向好的方向发展,因为他是一位富有启发性的自助系列书的出版者和发行者。他负责出版和发行的书有《思考与致富》、《成功的定律》等。在 J. 马丁·科尔的一生中，他总是坚持不懈地追寻能使自己和他人的生活变得更好、并引导人们迈向巨大成功的生活真谛。正是他不懈地刻苦钻研，才产生了他在《最伟大的力量》一书中展现的伟大发现。

作为美国联合保险公司及其附属公司的总裁，对于我们的销售代表及办公室职员在生活中受到这册小书如此大的推动，我曾为之震惊。

作为芝加哥男孩俱乐部的主席，为了引导那些十八九岁的年轻人成长，我曾经运用《最伟大的力量》这本书，使他们能自觉地意识到自己的潜能，进行自我管理，并寻找学生、运动生活等一切，他们希望自己出人头地的活动中的成功，以及生活中真正意义上的财富。

作为成功协会的会员和《我的影子跑得快》一书的作者，我曾经耳闻目睹《最伟大的力量》中的"力量"是如何地激发、鼓励囚犯们，有计划、有目的地成功改造，使自己重回社会怀抱、重获新生。

作为几家从事心理健康咨询组织的负责人，我留意到，在感情上迷茫和好酗酒的人，在《最伟大的力量》一书中看到了希望。

改变人生
方向的20堂课

　　《最伟大的力量》一书通俗易懂，却颇具刺激性。简单是它的魅力之所在，诚恳是它的力量之源泉。然而，最重要的是，它让你有所启发，并为之感动，更使你勇于采取行动，倘若你能自发地选择活用你的力量的话，你的生活将会得以改善，并不断地向好的方向发展变化。

　　　　　　　　　　美国联合保险公司总裁
　　　　　　　　　　N. 克莱门特·史通

发现它，最伟大的力量

你有一种伟大而令人为之震惊的力量。一旦你充分而恰当地运用了这种力量，它带给你的将是自信而非胆怯；是宁静而非混杂；是处之泰然而非束手无策；是心灵的平静而非痛苦。

成千上万的人都喋喋不休地埋怨自己的命运不好，他们悲观厌世，厌倦生活以及整个世界的运转方式。然而，他们却忽略了自身的一种力量，这是一种能使他们开始新生活的力量。

这种力量的存在，一旦你意识到了，并着手活用它，将会使你的整个人生得以改变，并使它演变成你所喜爱的样子。于是，一种原本满是忧伤的生活能够变得充满欢乐，失败也将变为一种幸运。胆怯能够转变为自信。绝望的生活也会变得趣味盎然，使人心怡。胆战心惊也有变为自由自在的可能。

改变人生

方向的20堂课

就在生命持续朝前行进的途中，一个人也许会一次次地身陷逆境之中，也许他面临的困难会接踵而至，也许他会极不情愿地与各式各样的麻烦做抗争。不久以后，自然而然地他就产生了这样一种生活态度：人生艰辛，人生即是一场战争，生活发给自己的牌总是不如人意……如此看来，自己做任何事情不是都毫无意义了吗？"你永远不可能获胜，不可能成为赢家。"如此一来，这个人就会丧失斗志，认定了自己无论做什么，都"不会有什么好结果"。在他想从生活中获取成功的梦想破灭之后，他便把希望寄托到子女身上，希望他们会有另一番人生。其实，某种情况下这也不失为一种解决问题的方式。然而紧接着，孩子们同样也会陷入前辈们的生活方式中。一次次的失败，这个人终于得出了一个结论：解决问题的惟一办法是用自己的双手了结自己的生命——自杀。

自始至终，此人一直没有发现那种有望改变他一生的伟大力量。他没能辨别出这种力量，甚至连这种力量的存在他也没意识到。他看见的只是数以万计的人和他一样，以同样的方式与命运做抗争，于是他便认为这就是生活。

莱莫多·德奥维斯曾讲述过这样一个故事：亚

历山德拉图书馆火灾事件后，只有一本并非很有价值的书幸免于难，保存了下来，后来，一位略微认识几个字的穷人花了几个铜板，把这本书买了下来。虽然这本书本身并不是非常有趣，但书中却有一个有趣的东西！那是一条很窄小的、写有"点金石"的秘密羊皮纸。

所谓点金石，即是一块小小的、能将任何一类平常金属变为纯金的石头。根据羊皮纸上的文字说明可知，在黑海的沙滩上就有点金石，它和无数与它看起来完全一样的小石头混杂在一起，然而这也正是点金石的秘密所在。真的点金石摸上去会给人一种很暖和的感觉，而一般的小石头摸上去则很冰冷。于是，这个人开始了他的计划：将自己仅有的一点财物变卖，简单地筹备了一些装置，在海边搭起了帐篷，着手验证海滩上那些小石子。

他想，倘若自己拾起一块摸上去冰凉的石子后，又把它扔到地上，那就会有数百次拾起同一块石子的可能。于是他决定，当他拾起来的石子摸起来是冰凉时，就随手将它扔进大海。他就这样反反复复地捡石头、扔石头，一整天下来，他却没拾到一块所谓的点金石。随后，一个星期、一个月、一年、三年……他仍然日复一日、年复一年地这样做着，却始终没有找到点金石。但是，他依然坚持不懈地做着，拾起一块石子，冰凉的，随手扔进海里，又一块……

但是，某一天上午，他拾起一块石子，一块摸上去很温暖的石子，他却习惯性地把它扔进了海里。把他所捡到手里的石子扔进海里，这已成了他的习惯。由此可见，他是多么习惯于扔石子这一动作啊！甚至当他想要的那一颗石子到手时，他还是将它扔进了大海……

唉！这种巨大的力量，有多少次被我们触摸到了却没有辨认出来？这种巨大的力量，有多少次被我们握在手中却又被扔掉了？其原因仅仅是因为我们没有认出它？这种巨大的力量，有多少次在我们眼前闪现？有多少次我们耳闻、目睹它展现在我们面前，然而，这一切我们都没有看到，没有看到它能带给我们的各种利益；没看到它万能的、可造就的影响。这便是从前我之所以要用如此一整篇专题来研讨这种人类所拥有的最伟大力量的原因所在。

《钻石宝地》一书的作者康维尔在该书中描述了一个生活得极为幸福、快乐的农夫的故事。

他凭着自己的土地赚了大笔的钱财，而且还组建了一个十分可爱的家。每年，他的农作物收获后，他都能存一笔钱。他不愁吃、不愁穿，生活得很有价值、很充实、很快乐。有一天，一位僧人来到他家，对他说道："假如你找到一个地方，那里的水从白色的沙子上面流过，你就能在那里找到钻石。这样，天底下任何一位公主都不会比你的女儿更富裕，任何一位王子也不会比你的儿子更富有，而你也将拥有你所想要的钱财。"那天晚上，农夫失眠了。这是无数个日日夜夜以来他第一次失眠。他在床上翻来覆去，总是睡不着。当黎明刚刚来临时，他终于下定决心，卖掉农场，外出寻找钻石，而且，他也确实这样做了。为了找到钻石，他把家人寄托在一位邻居家，独自一人带着钱走遍了全世界。最后，当他发现自己的口袋里仅剩下几分钱时，他厌恶自己所做的这一切蠢事，便自杀了。这时，当时劝他去寻找钻石的那个僧人再次来到农场。他走进房子，问道："这个农场的旧主人回来了吗？"农场的新主人回答说："没有，他至今还没有回来。"僧人接着又说道："他一定回来了，否则为什么炉台上摆放的全是钻石呢？"农场的新主人说："啊，不，这不可能……这些石头全是我在后院找到的。"最后，僧人向这位新主人保证说："千真万确，那些全是钻石。"

改变人生方向的20堂课

就这样，非洲的金伯利金刚石矿就被人们发现了。

至此，我想这个故事的意义你已经明白了吧。为了找到钻石，我们满世界跑，而钻石却在我们自己的后院里。那种可以彻底改变我们生活的力量，我们一生都孜孜以求，然而结果仍然是大部分人花费了一生的精力也没能找到。其实，它就在我们眼前，我们需要做的就是去认知它、去运用它。它就在这里。

这种巨大的力量到底是什么呢？在向你阐明这一问题之前，我想先给你讲述一下发生在非洲的另一个故事。一位探险家来到非洲的荒野之中，他随身带去了一些不值钱的小饰品，以作为给当地土著居民的礼物。途中，他把这两面镜子分别靠放在两棵树上，然后和他的随从们一起坐下来休息，谈论一些关于探险的事情。这时，探险家发现，有一个土著人正手执长矛向镜子走来，当他望见镜子里自己的影子，便挥矛朝镜子刺去，似乎镜子里的影子也是真的土著人并且要杀掉他一样。结果很显然，这面镜子被他击碎了。这时，探险家走到野人身边，询问他为什么要打碎镜子。这个土著人竟然理直气壮地说："既然他要杀我，我就要先下手杀掉他。"于是，探险家向他解释说，镜子的用途不在于此，并带他来到第二面镜子前。他对野人说："你看，镜子的用途是：利用它，你能看到自己的头发是否梳直了，自己脸上的油彩的多少是否合适，自己的胸部有多强壮，肌肉有多发达。"土著人回答说"原来是这样啊，我可不知道。"

数以万计的人都是如此，他们每个人的情形都和这个土著人不相上下。他们一生与生活抗争。在生命的任意一个转折点上，他们都认为将有一场战斗，而情况也的确如此，他们估计会有敌人，而且果真与敌人撞了个正着。他们预计会困难重重，也的确是事事不如人意。"假如不这样发展，它就会那样展开，总之，必定会有什么发生"……对于千千万万没有认识到这种巨大力量的人而言，事情的过去、现在、未来都是一个样。正如同钻石对于那个在自己的后院里就能找到的农夫一般，这种巨大的力量是潜伏着的、是秘密的。数以万计的人一直过着淡泊、平常、困苦的生活，其原因是：一旦这种巨大的力量与他们擦肩而过，他们将永远抓不住它了。你是敌不过生活的。你曾尝试过与它抗争，数以万计的人也曾这样做过，而结果是，你们都败得很惨。那么，答案究竟是什么呢？那就是我们必须在生活中充分理解生活。当然，前提是我们

方向

要充分利用生活。

我们每个人都能够运用它，什么特殊的训练啊，教育啊，它统统不需要。因为它并不是一种必须具备的特殊天资才能成功运用的能力，也不是一种极小部分人特有的能力。利用它，你无需任何财产或者权威。它是一种每个人与生俱来的能力，无论你贫穷也好富有也好，成功也好失败也好，你都具有这种能力。这种能力我们认识得越早，踏上正轨并坚持走下去也就越快。相对地，从此走上正轨并坚持走下去的人越多，在另外一些人心中萌生的希望也就越大。随之，他们也会按照这种健康的生活方式生活下去。

很多人都没有注意到，当他们来到一家鞋店时，他们可以选择买一双黑色的鞋，也可以选择买一双棕色的；当他们来到一家服装店时，他们可以要一件浅色的外套，也可以要一件深色的；当他们听收音机时，他们可以把频率调到这个台，也可以调到那个台；当他们走进冰淇淋店时，他们可以吃一个巧克力脆皮，也可以喝一杯凤梨汁；当他们想要看电影时，他们可以选择去附近的一家影院，也可以选择去闹市中心的电影院。是的，只要你做出某一选择，其结果就确实是这样，当你准备买一辆小轿车时，你可以选择某一个特殊牌子的车，也可以选择其他某个厂牌的车。换言之，选择的力量，即是一个人所具有的最伟大的力量。

●〈智慧点金石〉

● 这种巨大的力量，有多少次被我们触摸到了却没有辨认出来？这种巨大的力量，有多少次被我们握在手中却又被扔掉了？其原因仅仅是因为我们没有认出它？没有看到它能带给我们的各种利益；没看到它万能的、可造就的影响。

● 它就在我们眼前，我们需要做的就是去认知它、去运用它。它就在这里，我们每个人都能够运用它。

● 它是一种每个人与生俱来的能力，无论你贫穷也好富有也好，成功也好失败也好，你都具有这种能力。这种能力我们认识得越早，踏上正轨并坚持走下去也就越快。

选择的力量

没错，无论你的信仰是什么，你都拥有这种力量。鞋子、汽车、广播、节目、电影、度假及其方式、伴侣，这些你都可以选择。你本身就拥有这种能力，不会有任何外来的压力强迫你做出这些决定。因为，你做好了决定所以你有了选择；因为，你心里是这样想的，所以你才会做出这样的选择。假如这个选择是错误的，自然，我们都渴望找到什么东西或什么人能让我们去责备！于是，有人就表示："一切都是上帝安排的。"但事实真的是这样的吗？有句俗话大家可能都熟悉："自助者天助之。"我们先不管有关上帝的那些传说能不能信或能信几成，但上帝的确认为世上的每一个男人和女人都有自助的能力和权力，或者，用另一种方式说，有了选择的权利。

亨利·德拉蒙德写了一本叫做《世界上最伟

大的事情》的书，书中讲述了一个病得十分严重的小男孩的故事。这个男孩眼看就要病死了，他的父母非常难过，但是医生的确已经对此无能为力了。一天，一位老人来到这个家庭，他发现房子里所有的人都无精打采。于是他就问他们出了什么事。房子里的人对他说，因为他们年幼的孩子患了重病，很可能就要离开人世了。这个老人询问他们孩子在哪里。他们就把孩子的房间指给他看了。老人走进去，来到小男孩身边，把手按在小孩的头上说："我的孩子，难道你不知道上帝爱你吗？"然后，老人出了小孩的房间，跟这家人告辞走了。老人走了之后，那个本来已经病得很严重的小孩立即从床上蹦了起来，在房子里到处乱跑，嘴里喊着："上帝爱我，上帝爱我！"他重新变成了一个健康、壮实的孩子。

这是一个很好的例子，它告诉人们当一个人选择相信上帝是爱他的时候，会发生多大的变化。毋庸置疑，这个小男孩肯定做过一些错事，当然，他所犯的错绝不至于要用死亡来惩罚，但是很明显的，他认为上帝在惩罚他。因此，当他意识到上帝是爱他的时候，他的病马上就好了。这个小男孩运用一种伟大的力量——选择的力量，使自己重新有了健

方向的20堂课

康的生命。同时也使他的家人免去了悲痛和伤心。

　　许多人都有一种不良习惯，他们对自己的孩子说，假如他们做了坏事，就会受到上帝的处罚。小孩的心里就有了恐惧的阴影——对上帝的恐惧。他选择了害怕上帝。后来，孩子渐渐长大成人，但他心中仍然害怕上帝。于是，他又对他的孩子说同样的话、做同样的事。就这样，一代又一代，由于那些父母没有认识到选择的力量可以改变自己的生活，他们使这种恐惧不断流传。假如我们认识到犯错误就会受到惩罚，那我们肯定会选择去做正确的事情。因为只有那样我们才知道，是我们自己所犯的错误带来了惩罚，而不是上帝在对我们进行惩罚。假如，一开始我们就能进行正确的选择，那就不会出现什么错误了。

　　有一位妇女生了一个可爱的男孩。这个妇女习惯经常对孩子说如果他不听话或做错事，就会受到上帝的惩罚。于是这个孩子就经常感冒。这个妇女束手无策，急得都快发疯了。后来她终于醒悟了，不能老对孩子说那种话，而应该告诉孩子上帝是爱他的。于是她对孩子这样说了，果然孩子也不再感冒了。这个妇女很惊讶，认为这一切太不可思议了。在这个例子中，当母亲选择对孩子说做错事会

18

受到上帝的惩罚，孩子就总是感冒，但当母亲选择对孩子说上帝是爱他的时候，一切都改变了。是谁促使这些变化发生的？难道是上帝吗？是孩子的母亲，当她选择用一种正确的方法告诉孩子上帝对他的态度时，孩子的生活也发生了改变，而她自己的生活也得到了改善。

因此，我们必须明白，我们周围没有任何东西能够伤害我们，除非我们自己去选择犯错。

假如我们选择了暴饮暴食并因此而得病，那该怪谁呢？假如我们选择飙车而导致车子失控，那该怪谁呢？假如我们让自己做一个卑鄙无耻的人，从而令人厌烦那又该怪谁呢？假如我们选择做"坟墓中的富翁"，把钱财都带进棺材，从而导致自己生病，那又该怪谁呢？假如我们没学会自立，又该怪谁呢？不！这不能怪别人。我们之所以会受到伤害，是因为我们没有正确地使用上帝赋予我们的一种伟大的力量——选择的权力。

改变人生方向的20堂课

● 〈智慧点金石〉

● 无论你的信仰是什么，你都拥有这种力量。鞋子、汽车、广播、节目、电影、度假及其方式、伴侣，这些你都可以选择。你本身就拥有这种能力，不会有任何外来的压力强迫你做出这些决定。

● 假如我们认识到犯错误就会受到惩罚，那我们肯定会选择去做正确的事情。因为只有那样我们才知道，是我们自己所犯的错误带来了惩罚，而不是上帝在对我们进行惩罚。

● 我们必须明白，我们周围没有任何东西能够伤害我们，除非我们自己去选择犯错。

选择财富

数以万计的人都在寻找财富。他们都渴望有朝一日可以对自己说:"现在,我再也不用担心没钱了。"假如真的不用担心没钱,那他们肯定会很高兴。于是,他们设计方案和计划,试图用各种不同的方式让自己富有起来,但这些努力最终都没有成功。最后,他们全都丧失了信心,认为自己没有那种能力,不可能坐到那个令人羡慕甚至嫉妒的位置上。虽然他们尝试了各式各样的方法,但就是没有尝试改变自己的思维——而改变思维又恰好是通向成功的惟一途径。

不久以前,我曾遇到一个男人,当时他正被各种行政问题所困扰,他的妻子抱怨说,她连开门都感到害怕,因为出现在家门口的人几乎都是来要债的。这种情形让人十分泄气。我推荐了一本书给这家人,并且认为这本书可能会帮助这家人改变思维方式。那位妻子瞟了一眼那本书说:"我不想看那些东西,它对我们没任何帮助。"那丈夫说:"我想看一下，请你把它留给我吧！"结果，这个男子从那以后就开始用另一种方式去思考问题，以一种全新的面貌去面对生活。一年之后，他们搬进了一所更好的住所，并买了一套全新的家具，甚至还为一辆新车付了定金。

我并没有给这个男人一分钱。当然，钱暂时能帮助他，但我做到了使这个男人选择改变自己的思维来改善经济状况。假如我们也想改变自己的经济状况，那这一切正好是我们应该去做的。假如我们不能改变自己的思维方式，那我们就永远都没有希望改善自己的经济状况。

许多人包括我们自己都没有认识到牙齿全是从里往外长的，因此，我们有必要改变自己内在的思维方式。假如我们能改变自己关于经济状况的想法的话，那么其他的变化也会随之出现。所以，我们应该去选择有意义的、健康的、有财富的思维。

通过正确使用选择这种伟大的力量，你肯定能让自己的财富状况发生变化。许多人都没有正确地使用这种力量；从而导致他们成为自己最不愿面对的那种东西的奴隶。

曾经有个青年人，他生活艰难得如同在苦海中挣扎。有很长的一段时间，他都没有工作，最后，他找到一份让人一点都不值得骄傲的工作。这个青年人已经结婚并有了一个孩子，但他只能昧着良心说："我不想挣大钱。"每一天，他都尽量节省几个便士存起来，以便他的孩子长大后有钱去读书。这个青年人是明智的，他选择省下钱来作为孩子的教育基金。把他的生活形容成是一种挣扎，那一点也不为过。他放弃去繁华的市中心而选择去看街道放映的露天电影，因为这样他能节省两角五分钱；他从不去好一点的饭店吃饭，因为那里的花费比较大；他去大剧院看戏时，他付不起正厅前排的座位而只能坐楼厅上的位置；他买东西时，只选择省钱的那种；他也不能带家人外出度假，因为他没有钱。这个青年昧着良心说："我不想挣大钱。"

这么一来，对数以万计的人深陷在贫困之中，你还会感到奇怪吗？他们选择让自己继续在贫困中生活，但却没有意识到这一点。他们没有意识到选择这种巨大的力量。从来没有人会因为生活节俭而被别人指责。很多人只能精打细算地过日子，否则他们的生活就没法过下去。这些人完全可以选择这种巨大的力量，他们本可以用生活中那些美好的东西来充实自己的大脑。

但是，我们每天都会听到有人在抱怨："我很

改变人生方向 的20堂课

想买那件东西，但我没有钱。""我要省钱"这是事实，但不能这么说，假如你继续说"我没有钱"，那么，"没有钱"将会伴你一辈子。选择一种上进的思想，例如，"我得买下它，我要拥有它。"当要买下它、拥有它的思想出现在你的脑海时，你就逐步地建立了期待的想法。于是你的生活就出现了希望。千万不要毁灭自己的希望。假如你毁灭了它，你就会将自己带进一种无聊、困惑、失望的生活中去。

一个身无分文的青年人宣布："总有一天，我会去欧洲。"他说这话的时候，在场的一个朋友笑了起来，并说："看看到底是谁在信口开河？"注意：当时这个青年有了这个希望，而这个希望也给了他前进的动力。正是这个动力让他去做事，他才有可能去欧洲。当你说："我没钱"的时候，所有的一切都在原地不动了。没有了希望，头脑变得麻木；没有了动力，然后我们只能相信不会发生任何事情。但有一种伟大的力量——选择的力量，它将带给你希望，将带给你动力，还将带给你付诸行动的勇气。它使你从生活中得到真正想拥有的东西。

艾伦在他所写的小册子《思考的人》中写道："思想就是物质。"我们把它稍做改动变成"思想变为物质"。在没有发明电话以前，它只是你脑中的一个想法。收割机在问世之前，也只不过是麦克脑子里的一个想法。电灯泡在真正出现以前也是爱迪生脑子里的想法。当约翰·D.洛克菲勒身无分文时说："有朝一日我会成为百万富翁。"的确，他最后做到了。因此，必须要明白，所有你渴望生活中拥有的东西，在得到之前必将是你脑子里的一种思想。我们自己的财富状况首先是一种想法，然后才实现的。假如我们希望改变自己的财富状况，那我们有必要先改变自己的思想。假如我们选择先改变自己的内在思维方式，那我们的生活也一定会随之发生改变。这是一个规律。当你选择了"我没钱买"……你就永远不可能拥有它；当你选择了"我穷但是我快乐"的思想时，你就关上了发财致富的门路。选择自己的思想，你能做到；改变自己的思维方式，你也能做到。假如有这个必要，你一开始就会发挥自己的想像力，你永远都不会因此而后悔。从前你认为根本不可能发生的事会在你面前发生，从前你认为根本不可能在你生活中出现的变化，不容置疑的，你将得到新生的机会。

　　这是一种伟大的潜力，一旦合理地运用了选择的巨大潜力，一个人就有许多机会使生活变成他们希望的那样。这一切不由得令人惊讶。曾经有个年轻人，他有一段极为困惑的经历，他发现每当自己存下70美元时总会有意外的事情发生。他会遇到车祸，一些出乎意料的麻烦突然出现，他简直没有勇气再去存70美元。这个年轻人只有使用一种伟大的力量——选择的力量，试用其他的方式思考，否则他也许终生都会被这个可怕的难题所困扰。

有个年轻人十分能干，但是他却不能挣到一点儿钱，尽管任何事他都做得很成功。人们都不明白这到底是怎么回事。年轻人很有上进心，长相也不错，很讨人喜欢，无奈他一年又一年的奋斗都是徒劳的。在金钱方面，他没有收获。后来，年轻人请求他人为他指出问题的所在。他对人说："我能做好任何事情，除了挣钱之外。"当他明白出现在自己身上的问题其实很简单，只不过是自己对关于赚钱的思维选择不对的时候，一切都改变了。他再也不说："我能做好任何事情，除了挣钱。"他开始说："我能做好任何事情，包括挣钱。"以后的几年里，年轻人的财务状况发生了明显的改变，他开始赚到钱，他逐渐在财务上让人刮目相看。现在，人们都认为他已经是个富翁了。这个年轻人本来很有可能终生面临一个困惑，即能做好任何事情却赚不到钱。但他一旦明白这一切都是因为自己选择了错误的想法后，他立即积极地改变了这种错误，于是，他的财务状况也随之发生了变化，开始朝好的方向发展。选择的力量能够给人带来更好、更有效的赚钱方式。

●〈智慧点金石〉

● 假如我们不能改变自己的思维方式，那我们就永远都没有希望改善自己的经济状况。

● 假如我们能改变自己关于经济状况的想法的话，那么其他的变化也会随之出现。所以，我们应该去选择有意义的、健康的、有财富的思维方式。

● 选择的力量，它将带给你希望，将带给你动力，还将带给你付诸行动的勇气。

● 所有你渴望生活中拥有的东西，在得到之前必将是你脑子里的一种思想。我们自己的财富状况首先是一种想法，然后才实现的。假如我们希望改变自己的财富状况，那我们有必要先改变自己的思想。

选择周边环境

　　每一个稍微懂得一点常识的人都明白，自己不能决定周围的环境。当然，如果你碰巧就是政府的负责人，那就要例外了。

　　不过，我们绝大部分的人都必须承认，自己不能决定周围的环境，这是个无法改变的事实。那么，又有什么是我们能做的呢？我们能决定自己的思维，而且能通过决定自身的思维去使用一种伟大的力量——选择的力量，我们也能够间接地决定身边的环境。

　　这里有个很常见的例子，是一个发生在战争期间的故事。有个年轻人入伍参军，他在这一点上没有任何选择的余地，因为他必须去保卫自己的国家。来到军队后，他开始受训，准备去参加战斗。这一切自始至终他都别无选择，因为他必须服从上司的安排，做上司让他去做的事情。但他仍有权力选择自己的想法，他可能会选择诸如：不能活到战争结束或会有在战斗中受伤致残的想法，而这些想法碰巧又成为事实。要知道，每个人或每个士兵都能利用选择的力量来保护自己。

英国伟大的科学家、著名的工程师 F. L. 罗桑在他所写的《生活理解》一书中，向我们介绍了一个关于一个英国军团的故事。这个军团是感特利斯上校领导的，它创下了一个纪录，在第一次世界大战中服役四年没有人员死亡。军官和士兵们踊跃合作创造了这一空前绝后的纪录。他们经常有规律地背诵《诗篇》第九十一条中被称为"保护诗篇"的文字。这是一个典型的关于选择的力量的例子，这种力量是人类所拥有的最伟大的力量。

我们都明白周围的环境不可能总是好的。有些人在好的环境中生存都有问题，更不用说把他们放到一些糟糕的环境中去。而这一切的原因都是因为他们没有利用一种最伟大的力量——选择的力量。面对困难时，很多人都退缩了，心中全是悲观和失落，把希望寄托在政府的救济措施上。而另一些人则会利用一种最伟大的力量——选择的力量，于是这些人在极其困难的时期也取得了成功。很多伟大的事业都是在被认为是最困难的时期开创起来的。

改变人生

方向的20堂课

为什么会这样？原因就是这些创业者并没有被所谓的困难吓倒，他们千方百计地向前奋进，于是他们成功了。在困难的时候，也会有些有利条件是我们在环境良好时不可能遇到的。如用很少的钱就能创办一个企业并让它发展下去，能轻而易举地找到帮手，佣金较便宜，竞争不激烈……最重要的是，全世界都是满怀失望的人，只要有一点勇气，无需面对多少困难，你就能取得成功。

在一次"经济萧条"时期，有一个做生意的人，他认为自己生意不好是因为运气太差，碰上了经济萧条。他认为除非经济复苏，否则他的生意不可能会出现转机。但是，就在这段最艰难的时期里，他走进了一个购物区。他看到购物区中有两家卖肉的铺子，中间隔着十来家商店，其中一家肉铺生意十分兴隆，买肉的人在铺前排了三四排，而另一家肉铺却冷清清的，几乎没有一个顾客。这就是问题的所在，经济不景气，环境艰难都是客观因素。但对位于同一条街上的两个肉铺老板来说，其中一个可能根本没想过现在是经济困难时期，而另外一个甚至连糊口都做不到。这个商人决定找出其中的原因。他来到那家门口有人在排队守候的肉铺，老板满面笑容，客气地对他说："我很忙，麻烦你等几分钟，到时候我给你服务。"原来他对每一位顾客都十分和气且礼貌有加，他乐意为顾客服务，给顾客帮忙。他给顾客提供不同的建议，从不和顾客争执。所以，他的买卖越做越好。过了几天，这个商人走进另一家肉铺，立即听到老板的吼声："你想买什么？"他没有卖给这个商人他要的肉，却强迫商人买他认为该买的。他只考虑自己的利益，言行让人十分反感。从这个例子中你可以体会到选择的力量。

一个肉铺的老板选择相信现在是经济萧条时期。他认为既然经济困难，那么生意肯定不好做，于是他展现在顾客面前的形象就是蛮不讲理且没有礼貌。同时，他还在光临他肉铺的顾客身上发泄怨气。而另一个肉铺的老板则选择相信生意的好坏关键全在自己。他没有理会经济不景气，他努力公平合理地经营，他礼貌待客，热情地去帮助别人。结果他的选择是正确的，而那个选择相信生意不好做的老板则错了。意识到选择的力量是一种伟大的力量，可以帮助人们在生活中取得很大的成功。而没有意识到这种力量的人，却感到生活的压力越来越重。选择的力量可以使一个人有更大的能力去赚钱。

改变人生

方向的20堂课

这个商人终于明白了两个肉铺老板的生意为什么会截然不同。次日,他到办公室重新开始工作。他选择相信事在人为,而环境或政府都不是决定的因素。他开始打广告、做促销,对自己的生意做了很多调整,使之与当前的环境相适应。他降低了商品的价格,于是商品开始热销起来了,生意更加兴隆,他又开始盈利。周围的情况一点都没变,但这个商人自己却在改变。使用这种最伟大的力量——选择的力量——他的生意不但没有垮,反而开始节节上升,他变了,虽然四周的环境并没有变。

工作中,我们时常会碰到类似的情况,现在我们用两个职员做例子,对他们进行分析,来看一下选择的力量对他们到底有多大的影响。

一个职员选择准时上下班;选择服从上级的安排;选择力所能及地做好本分的工作;选择向公司提建议或意见;选择做一些本来不用做的杂事;选择在一些特殊情况下加几分钟或几小时的班;选择学习经商,或者在空余时间去参加一些培训来提高个人的能力和公司的服务品质。通过使用选择的力量,这个人使自己成为一个不断进步的成功职员。老板肯定也会对他的所作所为特别赏识,在一些特殊的情况下,老板肯定会努力使他留在公司工作。

另一个职员，他选择一个对他来说是合适的时间来上班；他选择为一些小事而和同事及老板吵闹；他不肯加班，哪怕只有几分钟；他选择做一些与工作无关的事，讲一些有损公司利益的话；他选择领多少薪水做多少事，绝不肯多做一点；他选择把时间花在一些无聊的消遣和活动上；他选择胡乱挥霍下班后的时间并认为有权这么做；他选择过一天算一天，绝不肯为将来做任何准备。

每到经济困难时期，第二种职员通常都是最早被解雇的员工。他们会认为这是因为经济不景气。他们会到处诉苦，发泄怨气，因为他们没有了工作。他们会把责任推到政府的头上，用各种难听的话骂政府；他们还会怪罪除了自己之外的每一个人，他们的亲朋好友往往也会被他们所连累；他们选择任时间一天天、一年年地流逝。最后，他们只好到政府的收容所去度过余生。这一切到底是为什么？

假如采取某种特殊的方式使人们意识到这种最伟大的力量——选择的力量的话，这种做出选择的力量只存在于人们的脑子里面，任何人都可以自己去选择，实施自己的计划，像梦想那样去生活。把责任推到四周的环境身上很容易，把责任推到亲朋好友的头

改变人生方向的20堂课

上也很容易，假如你真的选择要这样，但任何意识到这种最伟大的力量——选择的力量——的人都在开始上进。这种变化不仅仅在生意上，也体现在社会、家庭及私生活里。他开始认识到自己不是那个做选择的人，虽然亲戚朋友们都是为了他好，但他们却不能代他做出选择。于是，他开始变得真正自信起来。有了这种建立在个人能力、活动和主动性的基础上的自信，他不再对周围的环境有所依赖，他也不再依赖空想中的事物，他开始依赖自己。一旦他有了这种意识，他的潜力就会不断地显露出来了。认识到这种力量很难，因为人的大脑就像一个赛马场，各式各样千奇百怪的思维在大脑中像马儿一样在飞速奔跑，我们很难分辨并正确选择这种伟大且令人惊讶的力量。

● 〈智慧点金石〉

● 通过决定自身的思维去使用一种伟大的力量——选择的力量,我们也能够间接地决定身边的环境。

● 一些人则会利用一种最伟大的力量——选择的力量,于是这些人在极其困难的时期也取得了成功。很多伟大的事业都是在被认为是最困难的时期开创起来的。为什么会这样?原因就是这些创业者并没有被所谓的困难吓倒,他们千方百计地向前奋进,于是他们成功了。

● 假如采取某种特殊的方式使人们意识到这种最伟大的力量——选择的力量的话,这种做出选择的力量只存在于人们的脑子里面,任何人都可以自己去选择,实施自己的计划,像梦想那样去生活。

选择你的个性

　　性格问题是人生最重大的问题之一。种种不同的性格好像总在不断地产生矛盾。我们的一生中有很多烦恼和困惑都是性格造成的，各种性格的人互相之间不能和睦共处。家庭出现矛盾、友情破裂、就业问题等，都是因为性格的原因，甚至某些战争的爆发，也是因为参战国家对一些问题持不同的看法。

　　人类所拥有的最伟大的力量——选择的力量，在性格问题上也能起到非常重大的作用。不必再去思考这个问题，你可以选择友善待人，也可以选择待人很不友善；你可以选择乐于助人，也可以选择拒绝帮助他人；你可以选择与人合作，也可以选择一意孤行；你可以选择为某些事情着急，也可以选择保持无动于衷；你可以选择为某件事大动肝火，也可以选择忽视不理；你可以选择成为人见人爱的人，也可以选择每天愁眉苦脸；你可以选择每天微笑着生活，也可以选择板着面孔生活；你可以选择相信他人，也可以选择怀疑你身边的每一个人；你可以选择相信所有的人对你都是友好的，也可以选择相信身边的人都在和你作对；你可以选择做一个衣着整洁的人，也可以选择做一个不修边幅的人；你可以选择做一个有理想的奋斗者，也可以选择做一个不思上进的懒惰虫。不必再去思考，难道你没有自己做好选择？下面就有个典型的例子。

本杰明·富兰克林曾经奇怪地发现自己正在失去一个又一个的朋友，而自己和人不能好好相处的原因是自己不断与人争执的缘故。有一天，新年就快到了，很多人都在开始计划如何过新年，富兰克林也坐在那里把自己所有让人讨厌的性格在纸上写了出来。他在清单上对这些缺点按危害大小进行排列，把危害最大的排在最前面，危害最小的排在最后。他决心一定要改掉这些令人讨厌的性格缺点。就这样，他每发现自己改掉一个缺点时，就把相对应的缺点从清单上去掉，到最后，清单上所有的缺点都被他改掉了。于是，富兰克林成了整个美国人格最完美的人之一。所有的人都敬佩他、崇拜他。当殖民地需要法国人的援助时，他们就派富兰克林

改变人生
方向的20堂课

到法国。法国人是那样地喜欢人格完美的富兰克林，所以他们满足了富兰克林的要求。目前，你几乎能从所有有关性格改造的书籍中发现富兰克林的名字，他被认为是在这方面最成功的例子。

但是，当我们假设富兰克林选择终生都不对自己的性格进行改造，那么，他也许就会和许多普通的人一样。上天或父母给了你什么样的性格就用什么样的性格，如果富兰克林继续锋芒毕露地与人争辩，可以肯定，他不可能说服法国人对殖民地提供援助，而且，美国的历史也有可能要重写。个人的性格对国家和民族来说都有重大的意义。但是，仍有不计其数的人在来来往往中抱怨："我能做什么？我又能怎么样？"这又有什么用？你明知道时间正在一年又一年地流逝，而你本来可以做些什么的！林肯曾说过："我要让自己做好准备，因为机遇随时都有可能出现。"后来机遇果然出现了。林肯选择了相信准备。我们有必要让在我们身边生活的人相信生活是美好的、是公平的。我们也不应该给身边的人带来不必要的麻烦。

无数次，家庭中的一员都会给其他人带来痛苦！无数的子女因为家中有不近情理的父母而希望自己从来不属于这个家庭。家庭往往会因为其中一个人而痛苦不堪甚至破碎。但是，一个人同样也可以利用上帝所赐予的伟大的力量——选择的力量——使他的家庭及周围的人生活在幸福美满之中。假如我们能让每个人都体会到家庭生活是美好的，那么，相信世界会在短时间内变得更美好。

生活中许多人都会碰到这样的问题——失去亲人或爱人。许多人在失去父母、兄弟或亲朋好友后，悲伤地认为生活也失去了意义。"活下去还有什么意义呢？"他们往往会这样问。世界上有许多人麻木不仁地活着，他们麻木地在人生的大街小巷中穿梭，麻木地一成不变地活着。他们完全没有意识到有一种伟大的力量——选择的力量——他们选择生活的方式一成不变，他们选择使自己成为周围人的负担。当然，也许不能怪那些人，因为他们自己的损失更大。巨大的打击有可能突然来临，是丝毫没有征兆的。他们失去了理智，不能分析这一切的发生到底是为了什么。确实，有些时候去分析为什么会发生这些事情是很困难的，但是，不管我们能不能分析清楚，当务之急最重要的是要让活人的生活恢复正常。

我们认为在分析这个问题之前，先向大家讲一个故事：在球赛开始前的一个星期，某大学足球队

改变人生

方向 的 20 堂课

的主力球员失去了他的母亲。教练一下子也不知所措了，因为他从来没有遇到过类似的事情。最后，他决定还是让年轻的球员自己去处理这个问题。假如小伙子决定参加比赛，教练当然很高兴；假如小伙子要求放弃比赛，教练也决定接受他的决定。比赛那一天，球队进场后，那个小伙子也站到队伍中间。当球队在展开一些开赛前的必要练习时，小伙子走到看台前第十二排有一个用黑纱布蒙住的座位。小伙子默默地看着那个座位，心里说："妈妈，我一定要为你赢得这场比赛。"结果，他果然和队友一起战胜了对手。

从这个故事里可以看到选择的作用，小伙子本来可以坐在那里伤心不已地哭泣，他可以使自己成为队友同情的物件。大家也可能为他感到难过以致输了整个比赛。但是，小伙子却选择了另一种方式来表达对母亲的怀念。他自己从中受益了，他的球队也赢了比赛，而他的母亲不管在不在人间，她肯定会为她的儿子感到自豪，儿子正在以一种她所期望的方式生活。这就是问题的答案所在。我们失去了所爱的人之后，我们又能做什么呢？当然是以一种他们所期望的方式去生活。无论他们现在身在何方，都要让他们为我们感到自豪。当然，我们周围的环境不会由我们决定，但我们却能选择自己的生活方式。通过使用这种选择的力量，我们完全能够让生活变得更美好，充满更多的乐趣，为了我们身边的人，也为了我们自己。

让我们来看看生活中所遇到的各种困难。这些困难似乎都是难以逾越的。我们仔细观察，看看自己的生活是否有意义。有些人全力走向极端甚至颓废地说：世界在日复一日地变糟，生活越来越不美好。但是，如果我们选择相信世界是美好的，那世界肯定会变好。不要等待别人去改造世界，不要等待你身边的人为你改变，一切从自己开始。一旦我们每个人都选择改造自我，那么，我们的小世界肯定可以得到改变。我们中间的每一个人都拥有自己的世界，这个世界对每个人来说都是至关重要的，同时，我们也有能力对这个世界进行改造。一个人总会与 5 个或 100 个人保持联系。假如能给这 5 个或 100 个人留下美好的印象，那我们就能够影响他们的生活，使他们也往好的方向发展；而这些受了我们影响的人，也可以用同样的方式去影响他们身边的人……就这样，我们生存的这个世界就会变成一个更好的生存空间，而且，做这一切并没有想象中那样困难，也不必花费想象中那么长的时间。

改变人生 方向 的20堂课

报纸上曾有一篇报道，指出政府有意出资把某条街修建成一条林阴大道。制定好计划后，所有的人都在那里等待有关机构发出指令，以便动手对这条街进行必要的改造。这一计划将耗资上百万元。后来，一些环节出了问题。政府的负责人也认为继续投资该计划是不实际的。于是，改造这条林阴大道的计划就被搁置在一边了。但是，这条街上的一个居民选择自己动手来改变环境。他想：即使政府不出资修建林阴大道，我至少也能绿化自己家门口那一段。他说做就做，于是，他家门口那段就成了整条街上最引人注目的一段。他的邻居们见状后，也自己动手对自己家门前的一段进行了绿化，后来，这条街上的每个人都这么做了，最后，整条街看起来也像一条"百万元大街"。是谁促使了这一切发生的呢？事实上是一个人，他选择自己动手绿化，其他的人受他影响也都这么做了。不要再认为你不能改变这个世界，你有能力使自己的小世界发生改变，这就够了。当你选择相信自己可以改变它，那么，你身边的人也会产生相同的想法，事情就会在不知不觉中成功了，你就成了成功的带头人。快从你的家庭、你的工作、你所在的社会，甚至你的国家做起吧！

事实上，只要我们愿意选择接受一个小小的建议并付诸行动，任何性格问题都能迎刃而解。因为，存在各式各样的分歧，许多夫妻的家庭生活过得极为痛苦，又因为分歧的形式各不相同，数以千计的人虽然忙个不停，但却没有成果。更可怕的是，有些民族发生战争的根本原因，就是因为分歧没有得到很好的解决。假如人们能够使用上天赐予人类的最伟大的力量——选择的力量，我们将发现，他们肯定会以一种截然不同的形式美好地生活着。

很久很久以前，一位智慧的哲人曾说过："假如我们一定要不认可的话，那就让我们用一种令人不那么讨厌的方式来否决。"

假如我们认识到作为个体或夫妇，两个人生活在一起时难免会出现矛盾，有些分歧应该接受，但是要不至于令人生厌，世界关于婚姻的美好描绘，一夜之间将会使一切发生改变：婚姻完全有理由让人幸福愉快。家庭生活变得非常有意义，并会对孩子产生巨大的影响，离婚率也会以令人难以置信的幅度下降。

职员之间出现意见分歧，常常使很多人发现与他人在一起工作时是那么的难以忍受。但许多人无

改变人生

方向

的20堂课

数次地意识到他们对工作、对四周的环境、对工资薪酬都很满意，他们只是难以忍受和一些人共事。许多人不断地跳槽，根本原因就在于和他人意见不合。假如这些人愿意用最伟大的力量——选择的力量——选择以一种不至于让人那么讨厌的方式来表达自己的不同意见的话，他们肯定会发现自己活得很轻松。当他们全身心投入工作时，他们也会感到很舒服，当他们与人交往时，他们肯定也会更加轻松自如。他们会觉得身上少了一副重担，因为再也不用和身边的人或事斗争了。相反地，他们很乐意地去理解他人，去倾听他人的意见。

我们之中的许多人都有过好几次战争的经历，有些人的经历可能还要更丰富一些。人们发现，取得战争的胜利是一回事，获得和平又是另一回事。假如你仔细分析一下下面的事例，你肯定会发现一个很有趣的现象。战胜国往往要在战后给战败国提供食物和经济援助，使战败国能重新生存下去并逐渐复苏。这又是为什么呢？没有人能回答。为了下一轮的战争？要恢复以前你想尽方法毁灭的东西？世上的各个国家能不能在某天利用最伟大的力量——选择的力量——从巨大的灾难中把自己救出来？我们都希望有这么一天。世上的各个国家是否能在某天选择用某种让人不讨厌的方式来表达自己的不同意见？我们希望他们会这样行动。他们肯定能做到这一切，如同我们也可以使用这种最伟大的力量——选择的力量——让我们的生活变得更加愉快幸福；如同我们能利用选择的力量使自己的家庭幸福美满。世界上的各个国家也能够像个快乐的大家庭一样共处。这一切听起来美好得有点不切实际。相信我们有这种能力，假如我们选择行动的话，我们肯定能做到。

为什么我们会如此自信呢？假如你正在欣赏交响乐或看电视中有一个大型交响乐在演奏，你又能看到什么东西？一百多人在同时演奏一首曲子。假如你再仔细观察，你又会发现许多种不同种类的乐器在演奏中发出它的特有的声音，为整首曲子贡献各自的力量。截然不同的乐器……是的……但没有一点不和谐。所有的演奏者都在为这首乐曲而演奏，没有任何冲突，所有的配合都天衣无缝。所有的演奏者都希望能使这首曲子成为他们演奏过的最完美的一首。大家都尽力使演奏完美，大家也都感受到快乐。当演奏取得成功时，每一个参加演出者都会感到骄傲。

假如再对这个大型交响乐的演奏进行更仔细的

分析，你又能发现什么呢？每个人都选择尽力演奏好这首交响乐；每个人都选择使用好演奏的乐器；每个人选择和他人保持相同的节奏；每个人都选择在演奏过程中自始至终听从指挥棒的指引。

我们也肯定能做好这一点。上帝已经赋予我们这种能力，它赐给我们一种最伟大的力量——选择的力量。上帝是爱我们的，他希望所有的人都能和睦共处。没错，我们存在许多不同之处，不同的风俗、食物、爱好、语言……但是，也不至于到无法共处的地步，只要我们能把不同的意见以不令人讨厌的方式表达出来，上帝在指引我们人生的航向，他如同父亲一样影响着我们，他使我们共同生活在一个和睦的大家庭中。这一切都是他赋予我们选择的力量才变成现实的。我们应该如何利用这种伟大的力量，是明智地利用还是愚蠢地拒绝。我们拥有这种力量——一种最伟大的力量——选择的力量。

●〈智慧点金石〉

● 你可以选择每天微笑着生活，也可以选择板着面孔生活。

● 我们周围的环境不会由我们决定，但我们却能选择自己的生活方式。通过使用这种选择的力量，我们完全能够让生活变得更美好，充满更多的乐趣，为了我们身边的人，也为了我们自己。

● 不要等待别人去改造世界，不要等待你身边的人为你改变，一切从自己开始。

● 只要我们愿意选择接受一个小小的建议并付诸行动，任何性格问题都能迎刃而解。

● 一位智慧的哲人曾说过："假如我们一定要不认可的话，那就让我们用一种令人不那么讨厌的方式来否决。"

选择幸福的人生

在清楚地认识到自己拥有一种最伟大的力量——选择的力量之后,几乎所有的人都发现自己的生活变得比以前更加美好了。很多人都在同时体会到一点幸福以后就紧紧抓住这一点到手的幸福不愿放手了;更有一些人在发现自己拥有幸福快乐的感觉后感到不可思议,认为肯定是某个环节出了问题,并怀疑这种感觉肯定持续不了多久。百老汇中曾演出过一段戏:女主角走上舞台(她当时刚度完蜜月归来)说:"我感到自己太幸福,所以我想结束自己的生命。"用你的脑子想像一下,有一个在追求幸福的人,她终于得到幸福,她因此也想死了。这是对最伟大的力量——选择的力量的一种滥用!我们很奇怪为什么会见到这么不幸的人?得到幸福的人往往感到十分害怕,以至于他们无法抓住幸福,所以,他们都是在得到它的同时也失去了它。

　　有个年轻的小伙子把他自己的故事告诉了我。他说："我和一个年轻的姑娘相恋后，彼此间的好感越来越强，所以我们就商量订婚。订婚后，我们感到更加幸福，于是，我们决定用婚姻维持这种幸福。我们买下了一幢可爱的小公寓后就结婚了。我们所有的朋友都十分嫉妒我们那间漂亮可爱的小房子。我和妻子都出去工作，我们在银行里有自己的钱，我们还有一辆属于自己的车子。我们感到自己的生活就像在天堂里一样幸福。但是，和朋友聚会聊天时，他们几乎都认为这种幸福的生活是不可能持久的。他们说：'看琼斯两口子，刚结婚那几个月里他们是何等幸福！而如今呢？他们完全被困难和烦恼所围绕。再看史密斯一家，他们在刚结婚的几个月里多么快乐，而现在他们却争吵不断！'听多了这样的话后，我也渐渐认为那样的生活才是正常的，而我和我太太所过的生活是不正常的。我也相信这种天堂般的生活脆弱得像一个随时都会破的气球。每当和那些认为'美好生活都不会持久'的人聊天后，我都会回家和妻子谈论类似的话题。我总会说：'亲爱的，我们现在的生活是不是太美好了？恐怕这种日子不能长久。我们现在如同在天

改变人生

方向的20堂课

堂上那样，我看这种生活不可能再继续很久了。'不久之后，一切都按我想像的那样发生了，我和妻子都失去了工作，我们迫不得已卖掉了汽车和那幢可爱的小公寓，搬回家和母亲住在一起，更糟糕的是，妻子也成了母亲。"最后，年轻人喊道："如果每次事情刚有转机就又发生一些事情毁掉了希望，那我活着还有什么意义？"他想到自杀。他想，假如生活就是这样，那我现在就可以结束生命。

后来，我努力向这个年轻人解释，告诉他假如他利用最伟大的力量——选择的力量，那他就完全有可能避免这些事情的发生。我向他指出，那些向他传达婚后幸福生活不会持久这种观念的朋友的话不能信。我还告诉他，有一本女士写的书中有一句很精彩的话，这句话能让他完全不必遭受那种磨难。《生活游戏及游戏规则》及《你的话就是你的魔杖》两本书的作者弗洛沦斯·斯科沃·辛女士，在一本书中写道："没有任何东西会因为过于完美而不能长存。"

我向他解释说："假如你能正确地运用自己选择的能力，那就不会有任何会毁掉你生活的事情发生。假如你能运用自己的潜力，选择相信美好的东西也能长存的话，那么生活中一切美好的东西会更加美好，甚至比你想像中的还要好，虽然这听起来很不可思议，但这一切都是真的。"这就是让事情顺利发展的秘密。而且，碰到事情发展得异乎寻常的顺利且没有任何的阻挠时，你也要让自己相信这一切都是正常的。星星不会撞到月亮，月亮也不会撞到太阳，太阳更不会撞上地球。既然高速运行的星星、月亮、太阳都不会相撞，那我们的生活为什么不能一帆风顺，为什么一定要相信生活必会有一些不协调的因素产生呢？只要我们能合理运用选择的力量，我们就有理由相信，生活会变得一帆风顺且不会有任何摩擦。假如你能适当运用选择的力量，就没有任何东西会阻碍幸福美好长久存在，你的生活也会越变越好，且美好得出乎你的想像之外。有人曾经说过这样的话："人间天堂一直都存在，问题是很多人根本没有去利用它。"

无论你身处何地，你可能都会说有些人本来生活得挺美好的，后来却不幸遇到了麻烦，而且麻烦一直困扰着他。曾经有这么一个人，他的工作十分出色，婚姻也很美满，而且银行里有很多存款，他本人还开着一辆体面的轿车，他似乎生活在天堂。但他就能安心地享受这一切吗？不能，因为他没有看到别人也像他这么幸福地生活着。

他认为自己比所有的人都能干，他的自信心开始膨胀。过分的自信让他变得粗心大意，粗心大意使他终于陷入了困境，于是，他开始丧失信心。他不是得到了他想要的一切吗？难道他以前不幸福吗？他想找个理由来责怪，他始终相信是他身外的东西导致他走到今天的困境。但他没有做任何可能会招来麻烦的事情，绝对没有。

我们不妨来分析一下他的情况，看看能不能找出是什么原因。一直以来，他从不缺什么东西，生活得很好。不过，后来他却犯了一个小错误，他变得盲目自信并开始放纵自己。他没有因为自己活得好而感谢上帝，也没有选择要继续这种美好的生活。相反地，他选择变得粗心，更可怕的是，他自己也没有意识到他正在有意无意地迫使自己回到过去可怕的麻烦中。盲目的自信，正如我们所看到过的一样，毁掉了许多人的生活。关于盲目自信的问题，一直很少有人谈及。我们也没有觉察到这一点，我们没有发现这种最伟大的力量——选择的力量，所以，我们在应该仔细的时候没有仔细，于是我们就成了盲目自信的牺牲品。虽然上天不希望我们缺乏自信，但他同样地也不希望我们盲目自信。

许多人都有些过分的自信，但自己却没有发现。假如一直不能认识到这一点，他们便会对生活失去信心，结果就会一败涂地。他们不能清醒地认识到面前所发生的事情，于是，他们便加入对生活没有信心的人群中去了。

约翰又加薪了。下班后，他高高兴兴地回家对妻子说："我们去庆祝一下吧！"他们又邀请了另一对夫妇同去夜总会庆祝。他们开怀畅饮。过了一会儿，约翰和朋友的妻子忘情地开始做爱了，而她的妻子也在酒后情不自禁地和另一对夫妇中的丈夫发生了关系。后来，约翰很后悔这件事，他们开始为此事争吵。回家后，他们都怒气冲冲，一直吵到第二天清晨。事后，约翰希望加薪的事从来就没有发生过，他不停地埋怨加薪破坏了他的生活，他埋怨好运和幸福不能长久。实际上，是什么导致了这一切发生的呢？难道是一些身外之物造成了他的不幸？难道是上帝降祸于他？又或是一些别的原因？现在，你应该明白这是怎么回事了。约翰的好运使他开始盲目自信，并导致他粗心妄为，而粗心妄为肯定会带来麻烦。

很多人在生活"一帆风顺"的时候总会感到难以承受。他们渴望生活中会出现刺激的情节。他

改变人生
方向的20堂课

们之所以这么想是因为他们选择了刺激。于是，他们会随着他们的选择来到一种困难重重的境地。于是，他们又开始埋怨说："这就是生活。"其实，生活本身并不包含这种困难。我们自己的麻烦正是我们自己的错误选择带来的。

我们不断地听到有人在说："假如这笔交易能够成功，我不会在乎发生任何事。""假如我能和约翰结婚，我不会在乎其他的任何事情。""假如我们能偿还抵押款，我不会在乎发生任何事。"这些想法实在太糟糕了，这些选择实在太愚蠢了。多么不切实际的行为！你现在终于可以理解，为什么这个世界上麻烦多而幸福少了吧！你不妨想像一下，一个人选择了这种想法——"不在乎发生任何事情"，如同你进入一家饭店时说："无论你端来什么食物，只要能吃就可以了。"他们可能会给你端来焦得几乎不能入口的食物；他们有可能给你端来咬都咬不动的肉；他们还有可能会给你端来一盆你看都不能看的青菜。要仔细，其实仔细和粗心一样容易，你很在意会发生什么且你对这一点很清楚。思考问题的时候，应该朝乐观和积极的方向去想，多想一些对自己有帮助而不是会伤害自己的想法。这一点至关重要，通过这种最伟大的力量——

选择的力量——生活一定会朝你所希望的方向发展。

我们的父母们，还有我们的祖祖辈辈都和我们一样，满脑子全是肯定会碰到麻烦，美好幸福必定不能持久，这些一直束缚着这个世界的想法，一代又一代传了下来。

我们故事中的那个年轻人从选择的力量中得到一种新的自由。他睡得安稳了，自我感觉也十分良好。他明白所有身外之物都不能毁掉他幸福的生活或伤害到他。他开始积极地投入生活，他开始发现自己正以一种全新的面貌出现在人们面前。他意识到世界上并没有任何东西会破坏他的幸福，惟一能伤害他的就是他自己的错误——没有做出正确的选择。一旦他认识到这种简单却又强大的力量，他的生活就开始发生翻天覆地的变化。他明白是他自己的想法、他自己的选择，给他带来了麻烦，而不是其他什么神秘的力量或能量主宰了这一切。

全世界的人都相信，假如今天不发生这样的事情就会发生那样的事情。世界上各个角落的人都被这个可怕的想法所折磨——假如这样的事不发生，还有那样的事发生。一个工作勤奋扎实的人，他会一帆风顺，不会碰到任何麻烦，除非他自己为难自己。他开始自找麻烦地胡思乱想。他想："没错，我现在是有一份工作，但我的工作到底能维持多久呢？"果然没有多久，他就像想像中那样失去了工作。他开始拖欠食品店的钱；他开始为房租发愁；一时又找不到合适的工作；小孩生病了，自己也生病了，他不得不面对巨额的医疗费用和家庭开支。他不得不住进医院，高额的治疗费用使他的压力更大。后来，他终于又找到工作，他逐渐偿还所有的债务。一切都开始变好。当账都快付清的时候，又发生了意外的事情……然后……重复几次类似的经历，他成了这种思维的注定信仰者……假如不发生这样的麻烦，就会发生那样的麻烦。

在被麻烦围绕的时候，他意识到他是跟着麻烦和自己混乱的思维在走。他从来没有清楚地认清形势，因为根本没有人能指导他清楚地去分析他遇到的一切困难，而他自己又没有学会该如何去面对这一切。他拥有自己的"钻石宝地"，但他一直都不能好好地开发和利用这片资源。他的脑海中被一些消极的思维所占据，而这些消极的思维导致了不良的后果。假如他能发现自己拥有最伟大的力量——选择的力量，他肯定会意识到是自己的不良想法导致了很多麻烦的发生。同样地，当他开始认识和弄清楚没有任何美好的东西会因其美好而不能长存时，他肯定会设法避开那些麻烦。他永远都不会再去等待麻烦的到来，而会千方百计地让这种幸福顺利的生活一直持续下去。

当我们四周的人都被麻烦和困惑所围绕时，想去过一种安详的生活也绝非易事。但是，假如我们明白那些人之所以会困惑，都是因为他没能正确地运用最伟大的力量——选择的力量，我们就能够理解他们为什么会这样了。所以，对于有些人在不如意的时候"用手摸木头"以求避邪祛灾，也没有什么可奇怪了。他们对美好生活不能持久的恐惧和担心是显而易见的。我们有必要不断地告诉自己，世上没有任何事物会因为美好而不能长久，慢慢地，我们就会开始相信这种想法。当我们周围有更多的人也开始实践并最终相信这种想法的时候，我们就会如同1492年哥伦布发现新大陆那样，看到生活中的一个新大陆。

东部某教会的宗教领袖之一曾说过："假如世上其他的人都不快乐，那我又怎么可能快乐呢？"这是个很好的例子。这位宗教领袖极富智慧，他提出了一个很让人深思的问题。但是，假如我们因为没有看到有人在快乐地生活就要下结论说生活本身不快乐的话，那么，当我们拥有短暂的快乐的时候，难免就会得出一个结论——这样的快乐都是暂时的。可是，为什么会这样呢？假如那位宗教领袖用另一种方式来表达他的意思："大家看看我，我的生活是何等的快乐。假如你们按我们所指导的去做，你们肯定也能像我一样快乐。"那么，他的无数崇拜者肯定会认为，快乐本身就是很自然的，无论怎样，世界上都会因此多出千百万个快乐的教徒。从这个例子中我们可以看出，一个人其实可以影响到无数人，他可以改变无数人的生活。我们现在拥有许许多多以前从来没有想到过的新发明。同样地，在弗罗伦斯·斯科沃·辛指出"没有任何事物会因为美好而不能持久"前，所有的人都相信，幸福是不能持久的，因为几乎没有人能证实这位宗教领袖也拥有选择的力量。他选择相信只有世界上其他的人都快乐后他才能快乐。难道还有什么东西能妨碍他成为信徒们眼中幸福生活的榜样吗？绝对没有，除了他自己的选择。

许多在个人中普遍存在的情形对国家来说也是一样的。人们想必对国家经济发展顺利的那段时期还记忆犹新。那段时间里，所有的人几乎都能找到工作，失业的人非常少。人们蜂拥去买新车，房地产和股票的价格都在暴涨，好像每个人都在挣钱，大多数人都像在走大运。在那段短暂的时光里，世界仿佛发展到了最辉煌的时期。但是，几乎所有的人，包括富人、穷人、强者、弱者，从社会的最上层到最下层都相信，这个美好的时期不可能长时间地持续。这种想法逐渐在每个人的脑子里根深蒂固了，于是事情开始发生变化，所有的人都开始变得谨慎了，股票也开始下跌，银行也开始倒闭，社会上充满了绝望和萧条，再也没有生机了。一个不久前还繁荣昌盛的国家一下子变得十分萧条，究其原因，是因为所有的人——无论是穷人还是富人，都选择相信美好的时光不能长存。

假如这些数以万计认为美好时光不能长存的民众，能运用最伟大的力量，并选择相信没有任何事物会因为美好而不能长存的话，事情又会如何发展呢？他们肯定会设法让事情永远顺利地发展下去。正如有人曾经说的那样："这的确是个十分伟大的国家。"当国家被经济没有活力的问题所困扰的时候，汽车被发明出来了，于是，每个人都开始忙碌起来，经济又开始腾飞了。当快乐带来的浪潮过后，一切又似乎要停滞不前时，飞机的出现又使经济充满了活力；当飞机再也不能刺激经济的时候，

改变人生方向的20堂课

又出现无线电技术拯救一切；之后，又出现电视机……于是，人们便会选择相信没有任何事物会因为美好而不能长存。美好的事情和糟糕的事情一样，都是随时可能发生的，我们必须利用最伟大的力量进行选择，否则它必将使我们的愿望与生活背道而驰。

这个世界上有数以万计的人一无所有，他们甚至拿不出换洗的衣服。许多人根本没有住房。作为一个整体，世界上仍有一些地方未能普及教育，人们不能获得知识。

现在，我们都意识到有一种最伟大的力量——选择的力量，它和人类一同来到地球，已随人类经历漫长的历程。目前的世界是事物发展的结果，它还在不断地发展，正日趋完美。人们正在不断地掌握自然的力量，将世界改造得更加完美，人类的这种力量是无穷无尽的。经历了对自然的掌握后，我们都发现有一个更艰难的问题摆在自己的面前——掌握自我。人类已经从石器时代走进铁器时代，正在走进机器时代；而现在，人类又正在进入一个全新的时代——知识时代。人们——这里指那些曾经这样经历过的人——一直在利用选择的力量完成这一切，不过，当时他们自己都没有发现这一点，而现在我们却明白了，于是我们又有了一个更伟大的发现，许多麻烦和困难都是人们自找的。

人类正在尽力为自己营造一种幸福安逸的机械性生活。同时，人们也正在让自己的精神世界更复杂化。人类既然已经发现这种最伟大的力量——选择的力量，他们就能够自己选择——按自己的方式生活。

人们千万不能再把责任推到自身之外的任何事物上了，人们应该勇敢地自己承担责任。人之所以做了一切，只是因为他选择了这样做。人们已习惯长年从早到晚辛勤地工作，很少休息，经常工作12～24个小时。而现代文明所带来的最直接的后果就是让人们拥有很多可以自由支配的时间。于是，人们开始尝试探索生活的艺术。每个人都必须去学会生活以便度过越来越多的休闲时间，假如没有这样做，那么就等于给自己找来麻烦。人们发现在前几年还很有难度的工作，如今却已经全被机器取代了。越来越多的人发现有时间去学习生活的艺术。在学习的过程中，很多人发现，关键是学会怎样去接受自我。当一个人开始使用他自身拥有的最伟大的力量时，他其实就已经学会怎样接受自我了。

改变人生
方向的20堂课

　　这种最伟大的力量——选择的力量——完全能够使生活朝人们所向往的方向发展：依靠自身的力量而不是来自身外的力量，因为这是上帝赋予一个人真正的力量。人们将意识到生活并不是建立在金钱、机械、汽车、物质、家庭或财富上的，生活快乐的源泉是精神的力量，而精神力量的来源又是一种放之四海而皆准的精神力量，个人的力量只是其中的一分子，但它却能使人通过它得到想要的一切。

　　人们一定要清楚地认识到生活中最宝贵的东西是人的生命，所以，人们首先应该对自己的生命负责。假如人们对自己的生命给予无微不至的照顾，那么生活也必定会像他所想像的那么美好。假如不珍惜自己的生命，生活肯定会以一种他们不愿意看到的样子出现。在人出生之后，怎样生活是人类自己的选择。

　　这是一首我在不久前看到的小诗，让我们来共同欣赏一下：

　　　我来到这个世界只有一次
　　　能做的好事
　　　现在就做

62

能给人的帮助
现在就给
——不管面对什么人
让我现在就动手吧
不要再推脱了
也不要再疏忽了
因为
生命就只有一次

　　事实就是如此。既然生命只有一次，那么，我们就不应该选择羞怯的生活而应该自信勇敢；我们应该远离躁动不安而去选择安静的生活；我们应该避开混乱而选择平静；我们应该选择尽可能地去创造美好的生活，为自己及周围的人，千万不能让生命白白浪费了。

● 〈智慧点金石〉

● 弗洛伦斯·斯科沃·辛女士，在一本书中写道："没有任何东西会因为过于完美而不能长存。"

● 假如你能运用自己的潜力，选择相信美好的东西也能长存的话，那么生活中一切美好的东西会更加美好，甚至比你想像中的还要好，虽然这听起来很不可思议，但这一切都是真的。

● 有人曾经说过："人间天堂一直都存在，问题是很多人根本没有去利用它。"

● 生活本身并不包含这种困难。我们自己的麻烦正是我们自己的错误选择带来的。

思考的人

——詹姆斯·E. 艾伦

思考，它在生命的历程中指导着我们如何前进。

纯净的思维肯定能让生活纯净，能促进人与人之间的爱和理解，还能帮助我们在生活中对待朋友和敌人都能做得恰如其分。

"心灵的纯净能使生活和身体都纯净。"詹姆斯·E.艾伦指出，"肮脏的心灵会使生活变得肮脏，还能腐化人的身体。"

关于这本书

思考，它在生命的历程中指导着我们如何前进。

纯净的思维肯定能让生活纯净，能促进人与人之间的爱和理解，还能帮助我们在生活中对待朋友和敌人都能做得恰如其分。

但是，人应该到什么地方去寻求指导呢？人又在什么地方才能找到能够带来幸福和自信的纯净思维？

本书的作者把答案写在《思考的人》中。他的观点在半个世纪以来一直影响着难以计数的人，为这些人在迷惘的时候指出通往美好幸福的光明大道。

"心灵的纯净能使生活和身体都纯净。"詹姆斯·E. 艾伦指出，"肮脏的心灵会使生活变得肮脏，还能腐化人的身体。"

改变人生

方向的20堂课

　　太多的人都在忙于改变自己的物质生活而忘了改变精神生活，只有极少数人致力于使自己的精神升华。这都是詹姆斯·E. 艾伦生活的那个时代所面临的困惑。他总结了自己内心深处的这些观念，得出的结论指导很多人走出迷惘，相信同样也能指导你。

思考与性格

有这么一句箴言："当一个人在思考时，他就因此而存在。"这句话不仅指出人所存在的全部意义，也指出人在生活中所面临的环境和条件。毫不夸张地说，人应该是在思考中挺立起来的。人的性格其实就应该是他思维的集中。

如同植物是从种子里萌芽的一样，人的行为也都是发自内心的。行为的出现和思维是难以分开的。不仅是那些精心策划实施的行为，就连那些无意识或自发性的行为，也是和思维分不开的。

如果说思考像一棵树的话，那么行为就是它的花，而欢乐和痛苦就是它的果实。人们所收获的果实都是他们自己培植的，虽然有的甘甜、有的苦涩。

思考塑造了我们。我们的存在是建立在思考的基础上。假如一个人心存不善，那么痛苦就会伴随着他，如同紧跟在车后面的轮子……

改变人生方向的20堂课

假如一个人的思想纯洁高尚，那么他必将与欢乐共存。

人类的成长并不是依靠技巧完成的，它完全有自己的规律。在思维的世界中，因与果也是并存的，有因就有果，如同我们所看见的一样：高贵的品质应该是长期坚持神圣思考的产物，而不是上帝的恩赐或偶然的机遇；同样的道理，卑鄙下流的性格也是类似行为的产物，是长期进行卑鄙思考的最终结果。

人类所有的发明和毁灭都是自己完成的。人们能在自己思维的兵工厂里创造毁灭自己的武器，也能创造为自己带来快乐和幸福的武器。通过诚实的思考，人们能做出正确的选择，从而走向完美和神圣，而不正确的思考往往给人带来没有理性的行动，最终只能沦落到与禽兽为伍。还有更多的不同的性格在这两个极端之间，而人正是这些性格的主人和缔造者。

现代科学剖析出的关于美丽的灵魂真相中，最能让人激动和给人信心的就是人是性格的创造者，是思维的主人，是命运、生命、环境的创造者。

对一个拥有爱和理性的生命来说，他是自己思想的主人，他完全有权力决定自己该进入哪种境遇。人类本身就具备创造和改变的力量，因此，他有能力使自己成为自己想要的形象。

人类永远都是自己的主人，无论是在孤立无援或虚弱不堪的时候，他们都能主宰自己。事实上，当一个人处于堕落和颓废的时候，他就相当于一个对家庭不负责任的愚蠢的主人。当他开始醒悟并浪子回头的时候，他就会辛勤地去寻找生命的意义，他就能成为机智聪明的人，会理智地思考，引导自己为充满希望的事业而奋斗，这时他就成了清醒的主人。要想做到这一切，你必须找到自己思想的规律，而发现思想规律的基础是必须去不断地实践探索，对经历的事情进行分析。

人们只有通过不懈的努力，才有希望发现钻石和金子。同样的道理，人们也只有肯对自己的内心深处进行挖掘，才有希望找到与自己的生命有关的真理。他会意识到他就是自己性格的主宰，是自己生活的主宰，是自己命运的主宰。要证明这一点很简单，只要有意识地对自己的思想进行观察、控制和改造，同时仔细分析自己的思想对自己和他人的生活环境的影响，然后再耐心地把实践与分析结果联系起来，去印证生活中的每一件小事，哪怕是一些经常发生的琐事，就可以不断地学习知识。通过这种途径学到的知识是理解、智慧和权力。人们经

改变人生
方向的20堂课

常说："大门只会对那些勇敢叩门的人敞开，只有努力探索的人才能找到真理。"实践告诉我们，只有通过坚持不懈的努力，人们才能踏入幸福的大门。

●〈智慧点金石〉

● 思考塑造了我们。我们的存在是建立在思考的基础上。

● 人类所有的发明和毁灭都是自己完成的。人们能在自己思维的兵工厂里创造毁灭自己的武器，也能创造为自己带来快乐和幸福的武器。通过诚实的思考，人们能做出正确的选择，从而走向完美和神圣，而不正确的思考往往给人带来没有理性的行动，最终只能沦落到与禽兽为伍。

● 人们只有通过不懈的努力，才有希望发现钻石和金子。同样的道理，人们也只有肯对自己的内心深处进行挖掘，才有希望找到与自己的生命有关的真理。

思考对环境产生的影响

人的头脑犹如一座花园，既可以任其荒芜，也可以对其进行辛勤的耕种。但无论任其荒芜还是精心耕种，花园里都有嫩芽发出。假如你没能在花园中播下有用的种子，那么花园势必会有野草的种子萌芽并疯狂地生长。

园丁辛勤地在自己的花园里劳动，他培育出鲜花和水果，不断地除掉杂草，人们也应该对自己的头脑进行辛勤的耕种，培育出如鲜花和水果一样正确、纯净的思想，除去像野草一样肮脏、错误的思想，在这一过程中，人们迟早会意识到自己才是灵魂的园丁，是自己生活的主宰。他会从探索中找到思想的法则，并逐渐清晰地认识到思考的力量和头脑中的元素对人的作用——决定人的性格、环境和命运。

思想和性格其实是密不可分的。因为性格要通过周围的环境才能表现出来，个人的生活条件与他的内心是一个有机的整体。当然，这并不意味着一个人的外部环境在任何时候都是他性格的全部体现，这仅仅表明环境因素和思维的联系是十分紧密的，以致在某个特定的环境或时间下，环境因素对个人的发展起到了决定性的作用。

每个人处在什么样的位置都是由他自己的存在决定的。那些根深蒂固的思想决定了他们的发展。在生命的整个进程里，没有任何机遇可以通过投机得到，那些发生的事情都是自然规律作用的结果。这个道理对任何人都适用，不管他感到满意或对环境十分不满。

生命是个不断发展和进步的过程，人们不会仅存在于某个位置，他完全能够通过学习来达到成长的目的。当一个人从他所处的环境中学到知识后，那这个环境就应成为过去，他应该也能够到另一个环境中去生存。

假如一个人认为自己是由外部条件主宰的话，那么他就只能受外部环境左右。但是，一旦他认识到他自己拥有一种伟大的力量，自己完全有能力创造生活的话，他就成了自己生命的真正主人了，而外部的环境也会受他影响。

　　思维能决定环境，每个尝试过控制自我和净化自我的人，对这一点都清楚。实际上，一个人在自我改造的过程中会发现，内心的改变和环境的改变有着十分密切的联系。当一个人迫切地想改正自己性格中的缺陷并取得显著的进展时，必将有一系列的变化随之发生：他肯定会在短时间内经历大悲大喜。

　　灵魂中既能容纳自己热爱的或珍藏的东西，也能被自己所惧怕的东西腐蚀。灵魂既可能实现执着追求的理想，也可能随不洁的愿望一起堕落。实际上，灵魂通向自己的途径正是环境。

　　在人内心深处不管是有意无意地播种的每一个思想的种子都能萌芽生长，孕育出自己的生命并开花结果，结出与机遇和环境相符的果实。纯净美丽的思想结出的是美丽的果实；而粗俗肮脏的思想必将孕育出丑陋的果实。

　　外部世界在人心中的形象是随人的内心世界的思想变化而不断改变的。不管是一帆风顺的环境还是曲折坎坷的环境，它都是一个成熟的人塑造自己性格的必要因素。人们在自己辛勤耕耘的土地上收获一切，从痛苦成长中学习知识。

　　人们往往把内心最深处的欲望、理想、思维珍藏起来，成为灵魂的全部内容（也许是渴求不纯洁的随心所欲，也许是坚持不懈地为真理努力），也决定他生命中所表现出来的形象成熟与否。生长并成熟的法则放之四海而皆准。

假如一个人最终在福利院度过余生或穷困潦倒，那绝非是命运不济或环境决定的，而是他肮脏的思想和不健康的思想所造成的后果。一个人如果有纯洁的思想，他肯定不会因外来的压力而坠入罪恶的深渊。思想肮脏的人，为恶的意念会不知不觉地在他内心滋长，并且会在某个特定的时期爆发出来。环境不可能造就个人，它只能在特定的时候把人的本性揭晓出来。如果没有罪恶的念头，人就不会走向犯罪的深渊，并承受由此带来的非人的折磨；同样地，如果没有崇高的理想，人们也不可能坚持不懈地追求，也不可能使生命得到升华，从而享受幸福的生活。所以，人实际上是思想的主人和决定者，是生命的创造者，是环境的创造者。人甚至在刚来到世界上时就有了灵魂，随着生命的不断成长，灵魂也在环境的影响下不断完美，同时，外部的环境也会把灵魂展示出来。灵魂本身的善恶好坏，纯或不纯，刚强或软弱，全被环境写照在那里。

　　那些被人们吸引在身边的东西，并不是他们想得到的，而是他们自己本身就具备的。不切实际的想法，野心勃勃的计划和心血来潮的行动，随时都会受到打击，但是，人们内心深处的愿望和思想却能自由地生长，不管它是肮脏的还是纯洁神圣的。决定我们的人生和生命的终极神灵就存在于我们的内心世界，神灵就是我们自身，能约束人发展的只有自己，思想有可能是受邪恶指挥的傀儡——如肮脏的思想将束缚人的发展；思想也有可能是幸运送来的天使——如纯洁高贵的思想能解放人。一个人能俘获什么都是他应得的，这并不是他希望和他日夜祷告就行了的。只有在他的祈祷与他的思维言行都一致时才能实现。

　　理解了这一真理后，让我们再来看看人们所说的"与环境作斗争"又是指什么。它是指个人在坚持不懈地反抗外来的压力。与此同时，他又在坚持让自己的理想与希望成长。要实现这种期望，人们只有不断地纠正自己的思想。

　　人们总是把更多的精力放在改变外部的环境上，他们很少能意识到要先改变自己，所以，人们处处受到约束。假如一个人能勇敢地进行自我剖析，那么他在实现自己理想的道路上是永远不会失

方向

败的。这一真理放之天上和人间皆准。无论一个人的目标是什么，哪怕仅仅是获得财富，他也应该在实现目标前做好充分的准备，准备随时为这个目标付出代价。假如一个人的目标是拥有幸福美满的人生，那他将要付出更大的代价！

假设现在有一个人正身陷囹圄，他迫切地希望自己的生活能得到改善，他希望能拥有一个舒适的家庭，而实际上，这个人却不断地逃避工作，抱怨工作的薪酬少得可怜。因此，这个人自觉有充分的理由去欺骗自己的老板，这个人没有发现发财致富依据的是最根本、最简单的原则，所以，他不仅不可能把自己从凄凉的困境中解救出来，而且有可能会更进一步陷入懒惰和欺骗的情结中，使自己的处境更加凄凉。

假设有个富翁因为饮食没节制而不得不长期饱受疾病的折磨。他愿出大量的金钱，但他却不愿意放弃自己对美食的欲望。事实上，他是希望自己能保持健康，又能保持对美食的享受。所以，他是绝不可能拥有健康的，因为他还没有意识到健康人生的最根本的道理。

假设有位老板，他采取一些不正当的手段逃避支付正常的工人薪酬，同时，为了牟取更大的利益，他还扣压工人的工资。事实上，这样的人是不可能取得发展的。当他的财富和名誉都受到严重的损失时，他会抱怨是外在的因素导致了一切，他丝毫没有认识到正是他把自己推向了深渊。

我们列举了上面的三个例子，只是为了证明一个道理：人才是环境的真正创造者。虽然在多数情况下，人们都是没有意识的，当一个人还在为一个目标而努力奋斗时，如果他内心还隐藏有与目标不相符合的想法和欲望时，那他就给自己添了许多麻烦。这样的事例不胜枚举。因此，我们完全没有必要再在这里重复，只要读者愿意，自己都能够在各自的内心和生活的过程中发现思想法则作用过的现象。事实告诉我们，单纯的外部事实并不足以作为推理的基础。

但是，现实中外部环境错综复杂，而思想又深藏在各人的内心，所以，对于个人而言，理想的幸福都会不相同。判断一个人的全部灵魂世界也不可能从他的外部特征着手。虽然大多数人对自己的精神世界都了如指掌，一个人完全有可能在某方面才华出众却穷困潦倒，一个人也完全有可能在某方面不诚实却大发特发。所以，人们得出了一个结论：失败的人是因为他们太诚实了，而发达的人是因为他们本来就能骗人。实际上，这一结论相当肤浅，假定诚实的人是高尚完美的，而不诚实的人却没有丝毫可取之处，那么，当你用更深刻的知识和更广泛的经验来推断这个假定时，你就会意识到这个结论是不正确的。不诚实的人也完全可能具备一些优秀的特点以及一些诚实的人没有的高尚品德；而诚实的人也完全可能拥有一些不诚实的人所没有的可悲的缺点。任何事情都有它的两面，诚实的人固然能从他诚实的思想和行动中获益，但他也在承受自身缺陷带来的痛苦，也会为他自己的优点而受益。

人们在认识上有一个误导：认为自己之所以会受到折磨，都是因为自己优良的品德。事实恰恰相反，只有当人们将内心的肮脏及卑鄙从健康的思想中清除掉以后，人们才可能摆脱不幸。当人们尝试向崇高完美的境界发展时，他们很快会发现，心中、生活中到处都有伟大的法则。这是绝对公平的原则，为善的绝对不会遭到恶报，为恶的也不会受到善报。有了这种体验后，在回首往事的时候，人们就会感叹过去的盲目，就会明白生活其实都是公正有序的。

崇高的思想和行为绝对不会导致坏的结果，而肮脏的思想和卑鄙的行为也绝不会做出什么好事，这就是俗话所说的：种瓜得瓜，种豆得豆。虽然人们很早就认识这一自然法则，但却很少有人知道它在精神和道德领域里也在起作用，就如同它在自然界的作用一样。也许这就是许多人不知道按法则去办事的原因了。

痛苦肯定来自于某些不正确的想法，它表示一个人肯定在生活中与生活的法则有了不和谐的地方。痛苦惟一的好处就是能使人走向纯洁，能毁掉生活中一些肮脏和无聊的东西。一个人纯洁高尚，那么他是不会有痛苦或折磨的。如同没有杂质的金子不需再用烈火锤炼一样，一个纯洁完美且明辨是非的人，是不会遭受到痛苦的。

人的不幸是因为他的脑子里有了不和谐的东西，人的幸福也是他生活在和谐的精神世界里的原因。幸福，并非物质上的占有所创造的，它是正确思想的产物；悲伤，也不是物质上不协调，它是错误思想的产物。一个遭人诅咒的人可能会很富有，一个受人祝福的人可能很贫穷。幸福和财富只有在财富被正确理智地使用时才会两位一体。而一个贫穷的人，只有沦落到始终认定自己际遇不好是外来的因素强加在身上的，他才算真正地陷入了悲惨的境地。

改变人生
方向 的20堂课

　　虽然贫穷和放纵是两种极端的悲惨形式，但都不合自然法则，都是混乱的精神产物。人只有在幸福、快乐和健康时，才会真正找到自己的位置。幸福、健康和富裕是人们内心和外部环境协调一致的结果，是人自身与身边的事物相互协调的结果。

　　人只有在静下心不哭泣时才能真正审视自己的内心世界，才能真正成为自己的主人。当他认识到那些具有约束力的因素时，他才不会把自己处境不好的责任推到别人的头上。他会重新开始认真思考，并在高尚且理智的思考中逐渐成长。他会放弃与环境抗争，他会学会运用环境去取得更大的发展，尝试利用环境的力量开发自己的智力，希望能出现奇迹。

　　秩序在统治着整个宇宙，混乱并不是宇宙的主流。生命的实质和精神都是公开无私的，并非颓废不振。公正在精神的领域内占据着主导地位，腐败只是偶然现象。正因如此，那些自身正确的人才能发现宇宙的奥秘。人们在不断努力完善自身的过程中会有所发现，当人们对他人和事物的看法发生变化时，事物与人对他也会产生相应的变化。

　　通过系统的分析和反省，我们能很容易地在每个人的身上找到这个真理作用的痕迹。如果让一个人在短时间内改变自己的想法，那么他必定会惊讶物质条件也在随他的内心在改变。

几乎所有的人都认为，思想可以隐藏起来不让别人知觉，但事实并非如此，思想很快就会形成习惯，而习惯又会作用于环境。如卑贱的思想会让人养成贪酒好色的不良习惯，而这些习惯最终会让人生活在充满困乏和疾病的环境里；肮脏的思想会让人养成虚弱无力和混乱的生活习惯，而这一切又会让人生活在坎坷、艰难的环境中；恐惧、胆小、犹豫不决的思想往往会让人养成软弱、没有主见、没有自己的习惯，而这又会导致充满失败、懒散和依赖他人的环境为生；懒惰的思想会让人养成不爱干净和不诚实的习惯，这又会形成肮脏，甚至依赖乞讨的环境；愤恨和抱怨的思想会让人养成指责他人的习惯，这又会形成喜欢暴力的环境。各式各样的自私自利的思想会形成各种不良的习惯，而这些习惯又会导致凄凉悲惨的环境产生；另一方面，各式各样美丽纯洁的思想也会导致许多优雅美好的习惯产生，而这些习惯又能形成许多令人快乐幸福的环境。如纯洁的思想能让人养成自我节制的好习惯，而这样的好习惯又会形成和平安详的环境；勇敢自信和富于果断的思想能让人养成富有男子汉气息的

改变人生

方向 的20堂课

好习惯，而这样的习惯又会形成富足、成功的环境；充满健康活力的思想会让人养成勤奋的习惯，而这样的习惯又能形成愉快的环境；宽容和温柔的思想会让人养成和蔼的好习惯，而这样的习惯又能形成安全、温暖的环境；公正无私的思想会让人养成忘我的好习惯，而这样的习惯肯定能形成繁荣和富足的环境。

无论是好的还是坏的思绪，只要它是特别地令人沉迷，那么它必然会对人的性格和环境造成一定的影响。虽然个人不能够直接地选择自己生存的环境，但还是能够以选择自己思想的方式来间接地选择自己的生存环境。

正确的思想对每个人都有帮助，它能使人们满足最渴望的愿望，它还能使机遇以最快的速度分清恶或善的思想。

当一个人摒弃了他所有罪恶的思想时，相信全世界都会宽容他，都会愿意帮助他，使他彻底地同自己那些懦弱、肮脏的思想划清界线。看！随时都有机会在垂青他，帮助他痛下决心，以免再次陷入罪恶的深渊。世界犹如一个万花筒，出现在你面前的那些千变万化的色彩，实际上就是你随时在改变的思想的写照。

你必将实现心中的愿望，
只有失败的人才会把怒气发泄到环境上。
健康的精力永不屈服，
在阳光下自由地飞翔。
她是时间的主宰，征服了空间；
她抓住机会，那个妄自尊大的骗子；
她还让骄傲的环境低头，
乖乖地做她的奴隶。
人类的愿望，没有形体的力量。
永恒的灵魂的孩子，
能够永往直前冲向目标，
哪怕中间有铜墙和铁壁的阻隔。
寂寞的时候不要灰心，
学会耐心地等待；
当精神振翅飞扬，一统天下时，
诸神都在俯首听命。

● 〈智慧点金石〉

● 人们迟早会意识到自己才是灵魂的园丁，是自己生活的主宰。他会从探索中找到思想的法则，并逐渐清晰地认识到思考的力量和头脑中的元素对人的作用——决定人的性格、环境和命运。

● 每个人处在什么样的位置都是由他自己的存在决定的。那些根深蒂固的思想决定了他们的发展。在生命的整个进程里，没有任何机遇可以通过投机得到，那些发生的事情都是自然规律作用的结果。

● 纯净美丽的思想结出的是美丽的果实；而粗俗肮脏的思想必将孕育出丑陋的果实。

● 崇高的思想和行为绝对不会导致坏的结果，而肮脏的思想和卑鄙的行为也绝不会做出什么好事，这就是俗话所说的：种瓜得瓜，种豆得豆。

思想给健康和身体带来的影响

　　身体是思想的奴隶，它受思想的影响，不管这些想法是有意选择的还是无意选择的。在罪恶的思想的影响下，身体很快就会受到腐蚀并堕落；在美好健康的思想的影响下，身体往往会倍加青春与充满活力。

　　与环境一样，疾病和健康也根深蒂固地生长在思想里。有缺陷的思想往往会以疾病的方式在身体上表现出来。大家都明白，一些恐怖的想法杀人的速度不亚于一颗子弹，而实际上，难以计数的人的生命也正在受这些想法的折磨。有些人整天都生活在对疾病的恐惧中，他们的心里有疾病。焦虑会迅速侵蚀人的身体，从而使身体的免疫能力降低。不健康的思想会在短时间内对人的神经系统造成伤害，即使有时候这些想法还没成为现实。

坚强、快乐和高尚的思想会使身体充满健康和活力。身体相当于一种精密仪器，它会对思想做出相应的反应。习惯性的思想，不管是好的还是坏的，都会对身体造成一定的影响。

只要脑子里出现不洁的思想，那么就相当于体内有了有毒的血液。纯净的心灵会带来安详的生活和健康的身体；而肮脏的心灵则会腐蚀人的生活和身体。思想是行动，是生活作风的源泉。假如源头是纯洁的，那么所有的一切才有可能是纯洁的。

纯洁的思想能让人养成纯净的习惯。假如圣徒不清洗自己的身体，那么他就不能称做圣徒。只要能保证思想的纯洁，那么坚强的人就完全没有必要顾忌邪恶的细菌入侵。

假如你希望自己拥有一个完美健康的身体，那么你必须注意自己的思想。假如你希望自己的身体能够焕然一新，那么就应该从自己的思想做起。邪恶、妒嫉、失望、堕落的想法都会使你原本健康完美的身体被侵蚀。不愉快的面容出现不是偶然的，它是心情的作品。毁灭了完美线条的皱纹，也是狂热和愚蠢留下的痕迹。

我曾见过一个年过 90 的老妇，她拥有少女般的明朗、纯洁的面孔；我也曾见过一个未到中年却满脸沧桑的男子。一个是因为开朗和乐观，另一个是因为长期的不满足和压抑。

假如你的房间里缺少自由的空气和阳光，那么，你就不可能对你的住所感到甜蜜和舒适；同样的道理，也只有在内心充分感到欢乐和完美的时候，人才可能拥有强壮的体格和快乐幸福的面孔。

在老年人的脸上，那些皱纹是由不同的因素留下的，有仁慈、有坚强，也有狂热，只要你仔细观察，相信你必定能区分这些皱纹。那些一直过着正直生活的人，即使是老了，也能如同夕阳一样，仍在宁静安详地放出他们美丽的余晖。我曾见过一个不久于人世的哲学家，他全身都没有一丝老态，脸上始终流露着安详的表情，因为他相信自己一生无愧。

没有哪位医生可以像快乐的思想一样能驱除身体中的疾病，也没有哪个安抚者可以像美好的祝愿和真正的幸福一样能从人的心中驱走悲伤的阴影。如果长时期地愤世嫉俗、不满一切，人就会像被禁锢在自己建立的牢笼里。假如我们善于思考，用健康积极的态度来对待一切，耐心地寻找生活中的善——这公正的思想正是进入天堂的钥匙。如果你

能永远心平气和地去对待其他事物，那么你必将能
永远生活在宁静安详中。

● 〈智慧点金石〉

● 只要脑子里出现不洁的思想，那么就相当于体
内有了有毒的血液。纯净的心灵会带来安详的
生活和健康的身体；而肮脏的心灵则会腐蚀人
的生活和身体。

● 假如你希望自己的身体能够焕然一新，那么就
应该从自己的思想做起。

● 不愉快的面容出现不是偶然的，它是心情的作
品。毁灭了完美线条的皱纹，也是狂热和愚蠢
留下的痕迹。

思想和目的

　　智慧的成果来自目的与思想有机的结合，许多人放纵自己的思想在生命的海洋到处漂流，他们并没有意识到这样会带来严重的后果。没有目的的漂流是对生命的浪费，对于一个不想毁灭自我的人来说，这样的漂流必须尽早终止。

　　一个人一生中如果没有明确的目标，那他将很容易被一些诸如忧虑、恐惧、烦恼等情绪困扰。这些情绪是不坚强的表现，将导致一些无法挽回的过错或不幸发生。因为在一个权力泛滥的世界里，软弱是不可能保护自己的。

　　人们应该为自己在心里树立一个正确的目标，然后努力去为这个目标奋斗。人们还应该把这个目标作为个人思想的中心。这个目标可以是一种精神理想，也可以是一种物质的追求，人们可以根据自己的本性决定自己的目标。当定下目标后，无论是

改变人生
方向 的20堂课

怎样的目标，人们都应该把自己的全部精神集中到实现目标上面。人们应当把实现目标变成自己的义务，应该全心全意为目标而奋斗。人们应该控制自己使自己不受幻想或其他东西的诱惑，从而避免走上歧路。只有学会控制自己的精神思想，人们才有可能走上光明大道。无论在实现目标的道路上有多少障碍，哪怕是一次又一次的失败（这是克服性格软弱的必然的历程），但越来越坚强的性格会把你带向成功。这一切都能成为未来成功的新的起点。

那些还没有来得及寻找好一个伟大的目标的人，应该更积极地投入到正确完成当前的人生义务中去，不管这些义务做起来是否是很微不足道。只有通过自己的努力，人们才能使思想集中，才能养成果断的性格，才会有充沛的精神去发展事业，当你准备好一切之后，你就会发现世界上没有任何事情是你不能完成的。

人类灵魂的本质并不怯懦。如果认识到怯懦的根源，并坚信一个道理——通过不断的努力和实践能使力量达到增长，那么人类就能从这个真理中得到启发，通过不断地努力和坚持不懈地奋斗，使自身的力量不断增加，使自己的灵魂逐渐完美，最后成为一个强壮坚韧的人。

人类能通过持久的锻炼让虚弱的体质变得强壮；同样的道理，思想软弱的人通过正确的思想锻炼也能够变得坚强。

把怯懦无能和思想懒散彻底从自己的身上根除，重新为自己设定正确的人生目标，这样的行动将会使你加入强者的行列。在强者的眼里，失败是走向成功的必经之路，他们能够积极利用各种条件，不断地尝试，从而最终取得成功。

在确定了人生的目标之后，我们还要在心中确定如何实现目标，我们应该做到排除一切杂念，不左顾右盼，一心一意走向自己的人生目标。杂念的存在只会影响我们的努力，使我们走上歧路。恐惧怀疑的想法只能给自己带来无穷的麻烦，使自己走向失败。人生的目标、个人的精力、坚强的思想以及行动的力量，也会因为恐惧和怀疑而受到伤害。

克服了怀疑和恐惧的人就相当于征服了失败。他的每个念头都拥有了力量，他能勇敢且坦然面对每一个困难并机智地克服它们。他把自己的目标牢牢地根植在心中，让它们开花结果并成熟，而不是任由它们过早的坠落。

当人的思想和目标一致时，创造性的力量就出现了。理解到这一真理的人随时都可能成为强壮高尚的人，反之，他只能做情绪和思想都摇摆不定的人。将这一真理付诸于行动，你就能成为自己精神力量理智的主宰。

● 〈智慧点金石〉

● 人们可以根据自己的本性决定自己的目标。当定下目标后，无论是怎样的目标，人们都应该把自己的全部精神集中到实现目标上面。

● 在确定了人生的目标之后，我们还要在心中确定如何实现目标，我们应该做到排除一切杂念，不左顾右盼，一心一意走向自己的人生目标。

● 当人的思想和目标一致时，创造性的力量就出现了。理解到这一真理的人随时都可能成为强壮高尚的人，反之，他只能做情绪和思想都摇摆不定的人。

成功中的思考因素

　　一个人的思想往往决定他所能取得的成就和所能达到的高度。在一个公正规范的世界里，如果没有平衡那就意味着毁灭。人们应该加强对这个世界的责任心。怯懦或勇敢，纯洁或不纯洁都是人们自己选择的而非别人强加到头上的，所以也只有人们自己才可能改变自己。人们所处的环境也是由自身选择的而不是别人决定的，所以也只有自己才能把握住自己的幸福或痛苦。

　　一个人即使非常强壮但他也不能改变一个虚弱的人，除非虚弱的人自己决定要改变。弱者只有通过自己的不懈努力，才有可能使自己由虚弱变得强壮，使自己也拥有曾经非常羡慕且只有强者才有的力量。只有自己才能改变自己所处的环境。

　　人们通常都认为，许多人之所以成为奴隶是因为有人在压迫他们，所以我们更有理由憎恨那些压迫者。但目前却有为数不少的人认为这个观点不正确，他们说之所以会有压迫者的存在是因为有许多奴隶存在，所以我们应该鄙视奴隶。实际上，无论是奴隶还是压迫者，他们也都处于一种蒙昧的状况下。真正的哲人必能发现压迫者滥用权力和被压迫者的软弱无能；真正的仁者看到的是双方都在饱受煎熬，所以不会谴责任何一方；真正富有同情心的人会对压迫者或被压迫者进行拥抱和劝慰。

只有克服自己的软弱，摒弃自私自利的念头，人才不会成为压迫者或被压迫者，才会得到真正的自由。

人若想出人头地，飞黄腾达，那么他就必须先使自己的思想升华到更高的境界，如果拒绝对自己的思想进行提高，他将永远在怯懦和悲观的境界里徘徊。

人们想取得成就，哪怕是世俗的物质成就，他都必须使自己的思想脱离低级趣味。成功虽然并不需要他以放弃人的本性作代价，但却要求他必须牺牲其中的一部分。假如一个人满脑子全是低级趣味的思想，那么他将肯定不能清晰地思考，也不能理智地工作。他不可能发现和发挥自身的潜在力量，所以他会处处失败，最严重的是，他还不能像正直的人那样能控制自己的思想，无法承担责任或控制局面，没有能力独立应付发生的事情。实际上，他是被自己所选择的思想拖垮的。

没有牺牲就没有进步和成就，衡量世欲中人所取得成就的尺度，应包括他们摒弃的兽性的思想，只有如此，他才能全身心地投入到自己的计划中去，才能增加自己的毅力和信心，他的思想的境界高了，他的魅力和勇气也会与日俱增，他的成功才会更伟大，他的成就才会更高。

世界对那些贪婪者、虚伪者和恶毒者其实是无比厌恶的，虽然表面上不是这样的。其实世界青睐高尚者和大公无私者。人类历史上所有的伟人们都证实了这个观点。如果个人也想证实这个观点，那么他就必须坚持自己正确的思想，使自己的思想越来越高尚。

智力上的成熟是追求知识或探索自然与生命的结果，虽然这些成熟有时候好像与人们的野心和虚荣心有关，但实际上它们并非是野心和虚荣心所致，它们是长期坚持奋斗、不断提高个人思想的自然结晶。

精神上取得的成就实际上就是实现理想，思想崇高的人和心地善良纯洁的人都会养成高贵无私的品德，而且这种品质还会不断地升华提高直到最辉煌。这就像太阳在正午最高，月亮会出现满月的道理一样。

无论任何形式的成熟，它都是因为有了正确理想。人通过自我控制和果断正直积极的思考，才能得到升华。而低俗无聊、懒散颓化的思想，会使人走向堕落。

一个在世上取得了巨大成就的人，或者在精神领域里拥有极高地位的人，一旦他放纵自己，允许傲慢、自私、无理的思想再次出现在脑子里并任其发展，那么他必将回到悲惨软弱的困境中。

通过正确的思想取得成功后还必须多加小心。许多人在成功后放松了对自己的控制，很快就又回到了失败的困境中。

所有的成就——不管是商场上的，精神领域里的，还是智力上的，它都是正确思想的成果，都具有同样的游戏规则和行动规律，它们之间惟一的区别是奋斗的目标各不相同。

没有成就的人肯定没有牺牲。有所作为必须要以牺牲某些东西为代价，巨大的牺牲往往能换得巨大的成就。

●〈智慧点金石〉

● 一个人的思想往往决定他所能取得的成就和所能达到的高度。

● 人们所处的环境也是由自身选择的而不是别人决定的，所以也只有自己才能把握住自己的幸福或痛苦。

● 通过正确的思想取得成功后还必须多加小心。许多人在成功后放松了对自己的控制，很快就又回到了失败的困境中。

梦想与理想

梦想使这个世界更加多姿多彩，它支撑着这个世界，美丽的梦想使那些历尽艰辛的人们仍对生活充满憧憬。人类离不开梦想，人类也不会让自己的理想褪色、远去。人类生活在理想中，他们深信所有的理想在某一天都能变成现实。

画家、音乐家、雕刻家、诗人、哲人，他们共同创造了天堂，他们描绘了美好的未来世界。世界因为他们的存在而变得美丽，如果没有他们，人类早在繁重的生活压力下走向死亡了。

怀有美丽的梦想和崇高的理想的人都能在某一天实现自己的愿望。哥伦布梦想发现一个新的世界，最后他发现了新美洲大陆；哥白尼梦想世界是多重性和宇宙是广阔无边的，他最后成功地向世人揭示了宇宙的奥秘，把一个更广阔的宇宙展示到人类的面前；释迦牟尼梦想有一个宁静和平、一尘不染的精神世界，他成功地创立了佛教的宗旨。

珍藏好理想，珍藏好梦想，珍藏所有曾令人心动的美好的乐章，珍藏心中至洁的美和最崇高的理想，它们能给你快乐的环境，给你天堂的美好。只要你始终对自己诚实，对自己的理想忠诚，那么你的梦想也必将会变成现实。

渴望就是希望得到并拥有，向往就是希望取得。并非只有最卑贱的愿望才能实现，最纯洁的向往是绝不会枯萎的。世界是有公理存在的。

拥有高尚的梦，你就会拥有美好的梦想。你的梦想在很大程度上预示出你将会成为什么样的人，因为你的理想是你未来的预兆。

许多最伟大的成就在最初都只不过是一个梦。橡树从果壳中萌芽，小鸡从鸡蛋中破壳而出。在一个拥有美丽灵魂的梦想里，理想就会像天使一样展翅飞翔。梦想将引导现实的发展。

也许你目前所处的环境并不舒适，但没有关系。只要你拥有理想并为理想而奋斗，那么你将很快就改变自己的环境。有这样一个年轻人，他被长年困在一个环境恶劣的车间里工作，受尽贫困的折磨，没有一点机会让他可以上学或接受艺术的熏陶。但他拥有美好的梦想：他渴望拥有智慧和优雅，渴望自己能变得高尚和完美。他在心中为自己树立了一种理想的生活模式，希望自己拥有更广阔、更自由的天空。理想促使他开始行动了，他不分场合、不分时间，只要一有机会便学着发挥自己所拥有的各种潜力。很快他就发现，自己的生活已经发生了明显的变化，他已经不满足再待在小车间里了，而过去的贫穷困苦也像旧衣服一样离他而去了。许多年后，这个年轻人成了一个有魅力的、成熟的男人，他是自己思想的主人，他实现了自己年轻时的梦想，他成功地走进了自己的理想。

朋友，只要你能永远坚持不懈地为你心中最渴望的目标而奋斗，那么你一定能实现你的梦想，不管你的梦想是绚丽多彩的还是微不足道的。你所能得到的一切都是你自己思想的结果，不会多也不会少。不管你现在的处境是好是坏，你都会随你自己的思想、理想和梦想度过今后的人生，也许会沉沦，也许会辉煌，也许在原地不动。你可能会像你的理想那样伟大，你也可能会像主宰你的欲望一样渺小。你还有可能成为一个牧羊人，带着草原的芳香，来到城市，在神的示意下走上大学的讲台。最后终有一天你会说："我把我会的全传授给你们了。"虽然你成了老师，而在不久前你还是一个牧羊人，你还在梦想自己会同伟大的事情发生联系。每个人都应该克服自己心理上的障碍，努力为改变世界而贡献自己的力量。

那些自己缺乏思想、懒惰愚蠢的人，往往只注意事物的表面而不去观察事物的实质。他们认为是运气、命运和机遇主宰了人生。看到有人发达了，他们会嫉妒地说："他的运气实在太好了！"看到有人成为知识渊博的学者，他们又会说："为什么命运总是垂青他呢？"看到有圣徒因品德高尚而受人敬仰时，他们又会说："机遇总是一而再再而三地降临到他的头上，他的运气太好了。"他们忽视了这些人为成功而付出的努力，忽视了他们所受的苦难和挫折，忽视了他们坚强的信念和巨大的牺牲。他们没有看到这些人为成功征服了不知多少难以征服的困难。他们的眼中只有光明和快乐，他们不知道痛苦和黑暗是走向成功的必经之路；他们把一切都归为运气，他们只看到美好的目标却看不到走向目标艰苦的历程；他们把成功归为福气，他们忽视过程注重结果，并称它为机遇。

心中的梦想，深藏在心底的理想，是你生存和发展的基础，掌握着你的未来。

改变人生 方向 的20堂课

●〈智慧点金石〉

● 怀有美丽的梦想和崇高的理想的人都能在某一天实现自己的愿望。

● 只要你始终对自己诚实，对自己的理想忠诚，那么你的梦想也必将会变成现实。

● 一个拥有美丽灵魂的梦想里，理想就会像天使一样展翅飞翔。梦想将引导现实的发展。

● 不管你现在的处境是好是坏，你都会随你自己的思想、理想和梦想度过今后的人生，也许会沉沦，也许会辉煌，也许在原地不动。

● 天赋、力量、物质、智力和精神财富都是努力的结果：他们是获取的成就，是实现的理想，是完成的梦想。

平　静

　　心灵的平静是智慧美丽的珍宝，它离不开人长期耐心地进行自我控制。拥有平静的心理，就意味着你有过丰富的经历并对思想规律和行为的关系有着非比寻常的认识。

　　一个人能否保持平静，与他是否了解自己有着密切的联系。人是一种思想不断发生变化的生物，只有了解自己后，才能真正地了解他人。当一个人对人有了深刻的认识，同时还清晰地认识到事物之间存在的相互关系时，他就不会再对任何事情大惊小怪或大悲大喜、忐忑不安，他会永远使自己泰然处事、不惊不喜。

　　知道如何控制自己的人才知道镇静，当他与人相处时他会知道适应他人，同时，他也会赢得别人对他的尊重并以他为榜样，依靠着他的力量。越是处变不惊的人，他的影响力和号召力就越大。如果

改变人生
方向 的20堂课

一个普通的商人能学会自我控制并保持心里镇静，那他将会发现自己的生意蒸蒸日上，因为任何人都高兴和一个沉着的人做生意。

坚强冷静的人往往还会受到他人的尊敬。因为他如同烈日下的一大片树阴，或是暴风雨中的一块遮雨挡风的岩石。"没有人不爱一个宁静的心灵，不爱一个处事不惊，不温不火的生命！"

不管在什么样的环境下，是狂风暴雨也好，是烈日晴天也好，是沧海桑田也好，是命运坎坷也好，都没有关系。因为这样的人永远都能保持平静安详。我们不妨把"静稳"的性格认为是性格修养的最高境界，是生命最炫目的花果，是灵魂的果实。静稳和智慧都像黄金一样无比珍贵，甚至比黄金还要珍贵。与宁静安详的生活相比，追名逐利的生活分文不值。宁静的生活，在狂风海浪之下丝毫不受影响，就像生活在永睡的安宁中。

我们都曾认识过很多人，那些人都因为自己火爆的性格毁灭了美好的生活，毁灭了真善美的同时也葬送了自己平稳安静的性格，使环境更加恶劣。很多人破坏了自己的生活并失去原来的幸福都是因为对自己缺少控制。在现实生活中，真正能做到时刻保持宁静安详的人少之又少。

没错，人性因为没有节制而变得狂躁不安，因为没有节制而变得大悲大喜，因为没有节制而受尽磨难。只有那些理智的人，只有那些能够控制和引导自己思想的人才能控制自己的心灵，才能无视心灵的风风雨雨。

而经历过暴风雨的人们，不管身处何方，不管置身何境，他们都明白——在生活的海洋中，远方正有充满阳光的岛屿在向他们挥手，理想的彼岸也在等待他们的到来。用自己的双手牢牢地掌握思维之舵，唤醒自己内心深处在沉睡的发号施令的主人，让自己的心平和、安静。

改变人生方向的20堂课

方向 的20堂课

● 〈智慧点金石〉

● 坚强冷静的人往往还会受到他人的尊敬。因为他如同烈日下的一大片树阴，或是暴风雨中的一块遮雨挡风的岩石。"没有人不爱一个宁静的心灵，不爱一个处事不惊，不温不火的生命！"

● 只有那些理智的人，只有那些能够控制和引导自己思想的人才能控制自己的心灵，才能无视心灵的风风雨雨。

● 用自己的双手牢牢地掌握思维之舵，唤醒自己内心深处在沉睡的发号施令的主人，让自己的心平和、安静。请相信自我控制的力量，正确思想的优势。

钻石宝地

——拉塞伦·H. 康维尔

　　"老向导把帽子从头上摘下并抛向空中，引导我们去理解故事的寓意……"这是一本闻名于世的经典作品，读了这本书后，我们似乎发现总有一个影子在我们眼前游荡。追寻他的影子，我们得到了一个教训，原来各人的根本来就在各人的手中。假如阿里·哈菲德坚持在自己的土地上辛勤耕种，那么他也许早就拥有了自己的钻石宝地。

关于这本书

　　"**老**向导把帽子从头上摘下并抛向空中，引导我们去理解故事的寓意……"

　　这是一本闻名于世的经典作品。

　　本书叙述了这样一个古老的故事：满脑子全是奇异幻想的阿里·哈菲德渴望自己能在某个迷蒙的清晨，在世界中的某个地方发现钻石宝地，从而一举成为最富裕的人。于是有一天，他终于下定决心放弃了自己种满花草的房子和种了麦子的土地，开始漫无边际地寻找钻石。但是，随着时光的流逝，他始终没有找到，依然受冻挨饿，过着穷困潦倒的生活。最后，他受不了幻想破灭的打击，在异乡的土地上自杀了。

　　读了这本书后，我们似乎发现总有一个影子在我们眼前游荡。追寻他的影子，我们得到了一个教训，原来各人的根本来就在各人的手中。假如阿

改变人生

方向的20堂课

里·哈菲德坚持在自己的土地上辛勤耕种，那么他也许早就拥有了自己的钻石宝地。

本书的作者拉塞伦·H.康维尔是一位出色的牧师，他在他的故乡费城以知识渊博和富有爱心而闻名。本书是根据他的一次著名的演讲整理而成的。自问世以来，一直十分畅销，很受读者的喜爱，它和《圣经》一样，帮助许多美国人找到了各自的幸福。

一个悲惨的故事

很久很久以前，我曾跟随一队英国人沿底格里斯河和幼发拉底河旅行。我们请了一位阿拉伯老人做向导，但我始终认为他的气质使他看起来更像理发师。老人认为他的义务不仅仅是带着我们沿河而行，他觉得他还有义务把沿途的那些奇奇怪怪的、古代的、现代的、陌生的或熟悉的故事讲给我们听，他要对得起我们付给他的导游费。虽然他讲的大部分故事我都已忘记了，不过我并不感到遗憾，但有一个故事，我却始终没忘记。

老向导一边牵着我的骆驼走在古老的河岸上，一边不停地给我们讲故事，直到听到我们厌倦为止，但当他发现我们没有听他的故事，他就会发怒，不过我从不对此发火。我清楚地记着，他每次都会从头上摘下土耳其帽子，抛起圆圈来吸引我的注意力，我一般都会瞥一眼，但从不正视他的帽子，以免他又给我讲故事。尽管我不是好奇心特强的人，但我往往还是忍不住去看他，于是他又会接着给我讲故事。

老向导对我说："下面我给你讲一个故事，这个故事我只会讲给一些特殊的朋友听。"当我听到他在强调特殊的朋友时，我忍不住心中嘀咕，那到底是个什么样的故事呢？为什么他会如此郑重其事，我不由得被他激起了兴趣，于是便冲着他点头。

老向导的故事是这样的。古时候，在离印度不远的地方居住着一个叫阿里·哈菲德的波斯人。阿里拥有一个很大的农场，里面有果园、花园和农田，他还把多余的钱借给他人，收取一定的利息，阿里因富裕而知足，也因知足而富裕。

有一天，一位从东方来的得道高僧来到了阿里家。高僧坐在阿里家的火炉旁，给阿里讲述世界是怎样形成的。高僧说，世界最初是一团混沌，万能的神用自己的手搅动这混沌，直到最后把这团混沌搅成一个坚固的火球。然后，这个坚固的火球就在太空中滚动，滚过了一团又一团的混沌，渐渐地，火球周围聚集了一些水气，最后形成了大雨。雨水使火球的外表冷却。后来，火球内部的火又冲出了外壳，使大地、山脉、丘陵、草原等一一形成了，美妙的世界就这样出现了。从火球内部冲出的熔融物质，最初冷却的形成了花岗岩，随后又形成了铜、银、金还有钻石。

高僧说："钻石其实就是凝固的阳光。"用科学的道理来分析这句话，它也是正确的，因为钻石实际上就是来自太阳的碳的一种结晶体。高僧对阿里说，假如他有一块拇指大小的钻石，那么他就能买下这个国家，假如他拥有一个钻石矿床，那么他完全有可能凭借雄厚的财力使自己的孩子们成为国王。

当阿里·哈菲德听完钻石的故事，知道钻石的价值后，晚上睡觉时他就感觉自己像个穷人。实际上，他并没有损失任何财富，只不过是因为感到不满足，他觉得相比之下自己太穷了，因此暗下决心一定要找到一个钻石矿。这天晚上，阿里失眠了。

次日清晨，阿里把高僧从美梦中叫醒，他问高僧说：

"请你指点我应该到什么地方寻找钻石？"

"钻石？你为什么要去找钻石？"

"当然是想成为超级富豪。"

"原来如此，好，那你去找吧！你要做的就

是，去找到钻石并拥有它们。"

"问题是我不清楚到哪里去找它？"

"嗯，你要先去找到一条河，河里有白色的沙子，两岸还要有高山，你就能在那些白色的沙子里找到钻石。"

"我不相信有这样的河流存在。"

"世上有很多这样的河流，你现在要做的就是去找到它们，然后拥有它们。"

阿里说："好吧！我去找就是了。"

阿里变卖了农场，要回了贷款，然后，又托邻居照顾家人，自己在一个浓雾迷蒙的清晨出发去寻找钻石了。我猜他肯定是从月亮山开始寻找的。后来，阿里来到巴勒斯坦，又去了欧洲，但最后他什么也没找到。身无分文、穷困潦倒的他站在西班牙塞罗纳海湾的岸上，两边是耸立的悬崖，前面是汹勇的海浪，这个可怜的人，再也受不了苦难的折磨，冲动地跳进了大海，消失在汹涌的海浪中。

老向导讲完这个悲惨的故事后，停了下来，把另一匹骆驼身上滑下来的行李扶正。趁着这个空档，我开始考虑他为什么会给我这个特殊的朋友讲这个故事。这似乎是个没头没脑且没有结尾的故事，更何况，故事刚开始没多久主人公就死了。我有生以来还是第一次听到这么奇怪的故事。

老向导整理好行李后，又重新拿起缰绳，继续讲他那个故事的第二部分，而且就好像根本没有停顿过。

有一天，买下阿里农场的那个人牵着骆驼到后花园的小溪里饮水。当时小溪的水非常浅，当骆驼把头伸到溪上饮水时，农场主发现水里的白沙子里有一道炫目的光芒。他顺着这道光芒发现了一块黑色的石头———一块能像彩虹般发出灿烂的光芒的石头。他顺手把石头拿回屋子里，放在中央的壁炉上，后来他再也没把它放在心上。

不久，那位高僧又前来阿里的农场拜访他。当高僧进入客厅时，他一眼就发现了壁炉上那块闪光的石头，他冲过去说："是阿里·哈菲德找到钻石回来了吗？"

"噢，不是的。阿里·哈菲德并没有回来，那也不是钻石，它只不过是我在后花园里发现的一块能闪光的石头而已。"买了阿里农场的那人说。

但是高僧却说："我可以非常确定地告诉你，那千真万确就是一块钻石。"

再后来，他们一起来到花园，在白沙堆里仔细地寻找，天哪！他们又发现了一块更大更美的钻石。

老向导最后说："这就是弋尔康达钻石矿的发现过程。它是人类有史以来发现的最有价值的钻石矿，远胜过金伯利。英国国王的王冠上的科—依—诺尔钻石，沙皇王冠上的奥尔洛夫钻石，以及世界上最大的钻石都是从这个钻石矿里发现的。"没错，老向导讲的故事是真实的。

老向导讲完了他的故事后，又把自己头上的土耳其帽子抛向空中，我想他的目的是提醒我去思考这个故事的寓意。虽然故事并没有直接涉及到道德或伦理，但是，老向导却非常强调它们所包含的寓意。他一边抛帽子一边对我说："假如阿里不盲目地离开农场到处漂流，假如阿里能在自己的农场中仔细地寻找，那他肯定不会在饥寒交迫中失去生存下去的勇气，那他就有可能拥有自己的钻石宝地。要知道，后来他的农场的每一块土地上都挖出了钻石，如今这些钻石就镶在国王们和王后们的桂冠上。"

当老向导告诉我这个故事的寓意后，我立刻明白了他为什么要把这个故事留给我这个特殊的朋友。不过我也没有告诉他我理解了其中的奥秘。这个机智的阿拉伯老人向律师一样婉转地说出了不好直说的话，他认为像我这样的人应该待在美丽的家中而不是沿底格里斯河旅行。我没有表现出已经领悟了他的企图的样子，我只是对他说他的故事让我想到了几个类似的故事，于是我也向他讲述我所知道的故事。

财富就在自己的脚下

　　我所说的第一个故事也与农场主有关。那是1847年发生在加利福尼亚的故事。有个农场主获悉在加利福尼亚的南部发现了金矿，于是他就有了去淘金的冲动，他把农场卖给了萨特上校后就背井离乡去淘金了，从此再也没有回来。萨特上校在一条从农场流过的小溪上建了一个磨坊，有一天，上校的小女儿把一把从溪里捞上来的沙子带回了家。沙子撒在了客厅里，一位客人发现沙子里有金的光芒。就这样，一座金矿被发现了。假如原来的农场主肯花点时间在自己的土地上多寻找一下，那么这座金矿也许就是他的了。从发现金矿的那天起，在这座几英亩的土地共已挖出了价值3800万美元的金子。多年来，这座农场的主人平均每15分钟就能收获360美元，无论是在睡觉还是在做别的事情，而且还不用缴税，这样的收入每个人做梦都想要。

　　还有一个更有说服力的故事发生在宾夕法尼亚州。当时那里有这样一个人，他不像一些宾州人一样又懒又穷，他自己拥有一座农场，但他拥有更远大的理想，他打算卖掉农场去做番事业。他决定找到工作后再卖农场，他的目标是去为他的表哥开采石油。他的表哥是最早在加拿大发现石油的人之一，现正在加拿大做石油生意。这位宾州的农场主给表哥写了一封信，表示想在他那里谋一份工作。但这个农场主很聪明，他不打算在找到工作之前离开自己的农场。他的表哥回信说："你对石油生意一窍不通，所以我不能雇用你。"

　　但农场主没有灰心，他给表哥回信说："我能够学会这门生意。"于是他以极大的热情投入到学习有关石油的课程中。他从上帝创造世界的第二天学起，知道了正是那时的植被生成了原始的煤矿，然后他又知道了正是那些煤矿里流出了石油，接着，他又学习了自流井的形成原理，学到煤油的性质、气味以及提炼方法。做完这一切后，他写信给他的表哥说："我已学会了做石油生意。"表哥回信让他过来工作。

　　于是，他卖掉了他的农场。根据记载，他的农

改变人生方向的20堂课

场共卖了 833 美元。不多不少，恰好是 833 美元。他离开农场后，买下农场的人在做放牛饮水的事情时，发现前任农场主一直把一块厚木板插在谷仓后的小溪里。木板斜斜地插入水中几厘米，为的是在对岸形成一道看起来很恐怖的泡沫，让牛不敢饮用溪水。牛只好在下游饮水。那个去了加拿大从事石油生意的人就这样亲手阻止了原油的流出。直到 10 年前，宾州的地质工作者宣布在他的农场中发现了石油，当年就为宾州创造了 1 亿美元的利润。4 年前，有消息宣称，这个油田共为宾州创造了 10 亿美元的利润。现在这片土地上有了提多城和乐城山谷。那个曾经拥有过这片土地的人虽然自学完成了石油课程，仔细研究了从上帝创世的第二天到现在的有关石油的事，而且还对这块土地进行过细致的考察，但他最终还是以 833 美元的价格卖掉了这块土地。

还有一个故事是发生在马萨诸塞州。我之所以了解这个故事是因为我就是麻省人。有一个在耶鲁大学学习矿产和采矿专业的年轻人，由于成绩优秀，校方决定聘请他为一些学生补课。大学三年级时，这份工作每周能给他带来 15 美元的收入。他毕业时，校方希望他能留校任教，并把他的薪酬由每周的 15 美元升到了 45 美元。但是，他却回绝了校方的挽留。他回家与母亲商量对策。假如当时校方将他的工资从 15 美元涨到 60 美元而不是 45 美元，那他完全有可能留下来，而且他还肯定会为这份工作而骄傲。现在，他对母亲说："妈妈，既然我的脑子聪明得像座待开采的矿床，那么我就不应该做每周 45 美元的工作，我们到加利福尼亚去开采金矿或银矿，我想我们会找到财富的。"

他的母亲说："查理，幸福和富裕同等重要吗？"

"没错，"查理回答，"最好既能拥有幸福又能拥有财富。"母子俩的观点都没有错，由于他的母亲是寡妇，而他又是独子，所以他们很容易就做好了决定。

母子俩变卖了马萨诸塞州的所有财产，但没有去加利福尼亚而是去了威斯康辛。在那里，年轻人为苏必利尔洞矿公司工作，每周的薪酬仍是 15 美元。虽然在他与公司签订的合约中有一个这样的附款：他有权力从自己发现的任何矿产中得到一份。但据我了解，他从来就没有发现任何矿藏。

现在，让我们来看一下他的老家发生了什么事情。他刚离开家，新的农场主就去地里挖土豆——那些土豆在他卖地时就已经熟了。新的农场主把一袋土豆放在石头砌成的墙上，当他准备把土豆扛回去时，他发现在石墙的外上角，也就是在大门的右侧嵌着一个石块，大约有 20 厘米见方。年轻人在卖他的宅地时，就是坐在这块石头上与人讨价还价的。那位年轻人在这里出生，在这里长大，还曾无数次地用衣袖擦拭这些石头，直到把石头擦得发亮。石块仿佛一直在对他说："我这里有 10 万美元，希望你来拿。"但他一直都没有发现。

朋友们，既然世界各处都有人在犯类似的错误，那我们又何必单单嘲笑哪一个人呢？虽然我根本不清楚他后来怎么样了，但我却可以推测，他此刻也许正坐在炉火边与他的朋友们聊天。他可能会说："你们知不知道费城有个叫康威尔的人？""知道，我曾听人说起过他。""你们可听说过有关费城人琼斯的故事？""没错，我的确听说过。"

于是他开始大笑，开始前俯后仰地对他的朋友们说："难道他们所犯的错与我有什么不同。"——这就让人笑不起来了，既然你我也可能与他一样犯过类似的错，那么当我们嘲笑他时，他就更有理由嘲笑我们。

今晚，当我扫视了一下观众后，我发现下面还都是几十年来已经见惯了的面孔——会犯一样错误的人。我渴望听我演讲的人群中有更多年轻的面孔。我希望有中学生和文法学校的学生前来，那我就可趁机与他们谈谈。我从不掩饰自己对年轻人的喜爱，因为他们没有成年人的偏见，没有顽固不化的习惯，没有经历过太多的失败，具有更强的可塑性。相比之下，我能给他们更多的启发和帮助。但尽管如此，我仍会对今晚的听众尽心尽力，我要对你们说，在费城，在你们的故乡，一样存在钻石宝地。肯定有人怀疑："假如你真的这么认为，那表示你对这个城市根本不了解。"

报纸上曾报道过一则相当有趣的故事。一位年轻人在北卡莱罗纳州发现了一颗钻石，而且是一颗有史以来最纯净的钻石，同时，该地区还曾发现过几颗钻石，我为此事特地去拜访了一位著名的矿物学专家，向他请教那些钻石的来源。他对美国大陆生物造图进行了仔细的分析后对我说，那些钻石有可能来自地下的煤层。煤层向西穿越了俄亥俄河和密西西比河，但钻石更有可能来自位于穿越弗吉尼亚西部直到大西洋海岸的煤层里。实际上，当地有钻石是确定无疑的，并且那些钻石已有出售的了。它们可能都是来源于漂流时期从北部某个移到那里的矿。除了带着钻石来到费城的人外，还有谁又能

改变人生 方向 的20堂课

找到钻石矿的痕迹呢？朋友，谁都不能说自己没有站在世上最辉煌的钻石矿山上，因为最纯净的钻石同样都来自于地球上的某个钻石矿。

●〈智慧点金石〉

● 我从不掩饰自己对年轻人的喜爱，因为他们没有成年人的偏见，没有顽固不化的习惯，没有经历过太多的失败，具有更强的可塑性。相比之下，我能给他们更多的启发和帮助。

● 朋友，谁都不能说自己没有站在世上最辉煌的钻石矿山上，因为最纯净的钻石同样都来自于地球上的某个钻石矿。

金钱就是力量

　　上面的故事只是说明了我的一些观点。现在我特别指出，即使你没有钻石矿，但你仍能得到一切对你有益的东西。曾有一位美国女人，因为在一次有英国女王出席的招待会上没有佩戴任何珠宝而受到英国女皇高度的赞扬。当然，这并不是证明钻石没有什么用途，她告诉人们，如果你想体现出自己的谦逊纯朴，那么你就应该少戴些珠宝。

　　我现在再次强调：费城此时此刻有着许多发财和致富的机会，今晚来这儿听我演讲的每一位男女都有机会。我在这儿并不是只给你们讲大道理。我是要把我所信仰的上帝和真理告诉你们。我的经历告诉我，这些都是正确的。在座的先生们和女士们既然有机会买到听讲座的票，那么也就有机会拥有"钻石宝地"，也就有机会发财致富。费城是世界上最适合发财的地方，而且历史上费城也从没有像

改变人生
方向的20堂课

今天这样有这么多的发财机会，任何人都有机会在这里发财。我所说的一切都是事实，希望大家也能接受这个事实。我不想在这里既浪费大家的时间又浪费自己的时间，我希望大家能在听了我的演讲后富裕起来，否则，我的努力就白费了。

你们有责任也应该使自己富裕起来。许多人忍不住责问我："作为一位牧师，你在全国各地演讲教年轻人如何发财致富，难道这就是你该做的吗？"

"没错，这是我的责任。"

人们不禁会说："这太让人难以理解了，牧师应该是传播福音而不是传播生财之道。"

"因为我相信教人劳动致富就是传播福音。"

实际上，能够发财的人往往就是生活中最诚实的人。可是，一些年轻人也许会说："现实生活中一个人有了钱之后往往会变坏，变得十分虚伪、吝啬、令人讨厌。"朋友，这就是你为什么没能发财的根本原因，因为你的观点是不正确的。你所信仰的人生观是错误的。我在此发表一个郑重的声明（因时间关系，我们不做讨论），那就是在美国的富人中，100个人里往往有98个人是诚实的。诚实才是他们富有的根本原因，因为他们诚实，所以他们才被委以重任，负责大的企业和管理无数的人。他们是诚实的人。

我曾听到一个年轻人说："很多人靠欺诈致富。"其实，这样的观点许多人都曾听过，但这种事毕竟是少数，所以报纸才会把它当做新闻来报道。

朋友，能开车送我到费城的郊外去吗？让我们去拜访一下那些居住在这座伟大城市的周围的人吧！这些人拥有美丽的花园和漂亮的住宅，仿佛生活在艺术的境界。让我们来认识一下这些人格高尚且事业有成的费城人。只有拥有自己的家庭，人才能成为真正的人，如果能用心创建自己的家园，那么人就能更加诚实纯洁。

一个人赚小钱和赚大钱其实并不矛盾。我们所受的教育告诫我们对金钱不能贪婪。在现实生活中，人们也经常受到告诫要力戒贪婪，以至于出现了"肮脏的金钱"这类的词语。于是，基督教徒便认为人们应该相信赚钱对任何人来说都是邪恶的。当募款箱在人群中传过时，看到有人捐的钱少了，有些人就会在心中诅咒。唉，金钱的理论矛盾太多了。

因为金钱就是力量，所以人们应该立志拥有更多的金钱。人在有钱的时候所能做的事情绝对比没钱的时候要多。假如没有钱，怎么印《圣经》，怎么建教堂，又怎么派遣传教士？没有钱，也就不能给牧师发工资，又有谁愿意做牧师呢？我一直渴望我的工资能涨，无一例外，报酬高的教堂募集钱款也容易。同样的道理，高工资的人也有能力做更多的好事，因为他能正确地支配自己的财产。生活中，很多人都能发现这一点。

你们应该并且也能凭诚实在费城发财，所有的基督教徒都能做到这一点。有些信基督的人认为，唯有贫穷，才能使人对主虔诚。其实，这完全是不对的。

也许有人会问："难道你就不同情穷人吗？"当然，我也同情穷人，否则，这些年来我就不会坚持到处演讲了。不过，虽然我同情他们，但我认为真正值得同情的穷人是很少的。假如一个人是因为自己的恶行受到上帝的惩罚才贫穷时，我们去帮助他、同情他，毫无疑问，这不是在行善。但是，我们在现实生活中仍经常那样做，甚至有些时候我们对这些人的帮助胜过了那些真正值得帮助的人。因此，一方面，我们要去同情那些无以自助的上帝的贫穷的儿女；另一方面，我们还要记住那些人之所以贫穷，大都是因为自己或他人的缺点造成的。无论如何，在美国，贫穷是不应该的。

有一位先生问我说："你是否觉得世界上有比金钱更重要的东西存在？"我完全相信有比金钱更重要的东西，不过现在我讨论的是有关金钱的问题。世界上是有比黄金更灿烂，比金钱更宝贵、更甜蜜的东西，比如说爱情。但事实上，只有那些既有钱又有爱的女人才能算幸运。金钱是一种力量，运用得当就能行善，运用不当就会伤人。善男善女手中的金钱就造就了无数的善事。

这里我们要澄清有关金钱的道德。我曾在一次祷告会上听到一个男人祷告说："主啊！我感谢你，让我成为天父的一个贫穷的孩子。"唉，我不清楚这个男人的妻子听后会有什么感触。她要靠自己的收入养家糊口，丈夫还要花她的一部分收入抽烟。虽然有些人认为，只有极其贫穷、极度潦倒的人才能虔诚地信仰上帝，但我相信上帝肯定和我一样，不愿见到有如此贫穷的孩子。这些人的观点是不正确的，虽然穷人值得我们去同情，但我们不能宣扬这样一个不正确的观点。

如今的时代，对基督徒发家致富一直持反对的态度（按犹太人的观点，他们就是畏惧上帝的

改变人生

方向

的20堂课

人）。这种观念是如此普遍，以致多年前在坦普尔大学神学院里，有个年轻人感到整个学院里只有自己一个人是虔诚的信徒。有一天晚上，他走进我的办公室，坐在我的对面说："院长先生，我觉得自己有必要和您讨论一些问题。"

"出了什么事？"

他接着说："我曾听您在我们学院和皮尔斯学院的毕业典礼上说，发财致富对年轻人来说是一种必要的远大志向，当时您还指出这种志向能让人自律，获得好的名声并使人勤奋向上。您说拥有发财致富这种志向定能促进一个人成为好人。但是，先生，《圣经》上可不是这样说的，《圣经》上说：金钱是万恶的渊源。"

我跟他说我从没有在《圣经》上发现这句话，同时我建议他去教堂拿《圣经》来把原文指给我看，年轻人马上出门去找《圣经》了，很快地，他就手捧《圣经》大步地回到了我的办公室，当时他一脸骄傲，神情酷似一个狭隘顽固的教徒，看来他把自己的宗教信仰完全建立在对《圣经》的误解上了。他翻开《圣经》放在我面前的桌子上，几乎是冲着我吼："院长先生，您自己来读一下这句话吧！"

我说："年轻人，你要等到长大后才会明白，不能让一个异教徒来替你朗读《圣经》，因为你是属于不同教派的人。神学院里的讲师完全是按原话的注解来解释这句话的。好了，现在请你捧起《圣经》，用心领悟一下，找出一个合理的解释。"

年轻人捧起《圣经》，骄傲地大声念道："嗜好金钱是万恶的渊源。"

他读得很对，当一个人正确引用《圣经》时，他指出的都是绝对的真理。50 年来，我亲身体会到了《圣经》给这个世界带来的巨大的变化，让世界上到处飘扬着自由的旗帜。人类历史上从来没有哪个真理像《圣经》的真理一样获得那么多伟大心灵的一致认同。

我确信他的引言是对的，是真正的真理。"嗜好金钱是万恶的渊源。"那些梦想一夜间靠坑蒙拐骗发财的人会落入陷阱，这是毋庸置疑的。嗜好金钱该怎么理解呢？假如以金钱为偶像不择手段去获取，那这种嗜好是《圣经》所禁止的，也是任何有理性的人所不齿的。崇拜金钱，把金钱当做偶像，不去考虑金钱的正当用途，像吝啬鬼一样地把金钱藏在地窖里或其他不为人知的地方，而不把金钱用到正途上。这种抱着金钱不放的人，罪恶也会随金钱一起在他的心中生根。

●〈智慧点金石〉

● 你们有责任也应该使自己富裕起来。

● 只有拥有自己的家庭,人才能成为真正的人,
  如果能用心创建自己的家园,那么人就能更加
  诚实纯洁。

● 因为金钱就是力量,所以人们应该立志拥有更
  多的金钱。人在有钱的时候所能做的事情,绝
  对比没钱的时候要多。

● 金钱是一种力量,运用得当就能行善,运用不
  当就会伤人。

到哪里去寻找
发财的机会

　　现在我要说的问题正是在场的听众都想知道的:"费城有发财的机会吗?"实际上,找发财的机会很简单,因为当你发现机会时你就已经拥有它了。我记得有个老人曾对我说:"康维尔先生,你在费城居住了31年,你应该了解在这座城市经商很难吧!我曾在这里开了个店,苦心经营了20年,但我却没赚到1000美元。"

　　事实上,你对这个城市有多大的贡献它就会回报你相应的报酬。因为人的收入往往与自己的价值,也就是对世界的益处相互联系的。假如你在费城努力了20年还是没有赚到1000美元的话,那费城早应该在19年零9个月前就把你淘汰出局了。没有理由在费城奋斗20年赚不到50万美元,哪怕是在街道的拐角处开一家杂货店，也应该能做到这一点。

对了，朋友，假如你能动手调查一下周围街道上的居民需要什么东西，然后列出一张清单，再决定你该出售什么并购进货物，相信你很快就会获得利润。

也许你会反驳说："从来没听说过牧师会经商。你又怎样会懂得做生意！"那好，我来证明一下我对商业是很了解的。我想我必须这么做，否则，没有人会接受我的观点。我先说一下我小时候的经历，那时我父亲在村口开了一个杂货店。我认为乡村杂货店是天底下最能学到各种生意经的地方了。一般父亲出门时小店就由我来照料。我还记得有这样一件事，有人进店问我："你们这里有锄草刀吗？"

"我们没有锄草刀卖。"我轻松地吹着口哨回答，我有必要顾及到每个顾客的需要吗？这时，又来了一位农夫问："有锄草刀卖吗？"

"这里不卖锄草刀。"我哼着曲调回答。又有人进店问："卖不卖锄草刀？"

"不卖，为什么每个人进店都要买锄草刀？难道你们认为我们这家店就是为了给全村人准备锄草刀才开的吗？"

你们在费城开店也这样经营吗？我郑重声明，我相信信奉上帝和生意兴隆完全没有什么矛盾。假如有人表示他无法将生意和宗教信仰有机地结合，那么他在经商上完全就是个不可造就的蠢才，要么成为商业窃贼，要么很快破产，他肯定会一败涂地。一个人如果不能在经商时保持自己的宗教信仰，他肯定是要失败的。如果我当时能按上帝的旨意或按基督的宗旨去经营父亲的杂货店，那么当第三个人来买锄草刀时，我就应该能做成生意了。那结果就是，我做了我会做的事也得到了补偿，同时我也为他人做了好事。

　　一些过分虔诚的基督徒往往认为经商所赚到的钱都是不义之财。实际情况并非如此，假如你以低于成本的价格出售了商品，那么你就成了罪犯，因为你没有权力做这样的事情。当一个人连自己的钱财都不能很好地打理时，又有谁能放心地将自己的钱财交给你去经营呢？假如一个人不能忠实于自己的妻子，那谁又会放心地将他接纳到自己的家里呢？我们不能相信那些品格不正、心地不诚实的人。我有责任向第二个或第三个顾客出售锄草刀，同时也有权力使自己获利。但是，在进行商业经营的过程中，我们没有权力向顾客索取超过商品价值的价格，也没有权力不获利。销售的真理在于：买卖双方能同时获利。

福音书传达的原则是在自己生存的时候还要帮助他人生存。生活的常识也是这样的。年轻的时候尽量去过正直的生活，不要到快老的时候才学会感受生活的乐趣。多年以来，我也一直梦想着发财致富，梦想着哪一天能拥有几百万，哪怕只有一半也好。但是，我从梦想得到的快乐还远远比不上今晚的聚会。这些年来，我一直这样解释人生，一直这样帮助他人，并且也使自己得到了回报。人人都会尽力而为，同时还要帮助他人，只有这样，才能得到快乐。假如一个人回家时，想到今天的钱是从别人那里偷来的或是抢劫了别人的劳动所得，那他是不可能安心休息的，他的良心肯定会受到谴责。第二天，他肯定会以沉重的心情和疲备的状态去上班。这样的话，即使他能积攒下数百万美元，他也不可能会有成功的感觉。相反地，假如一个人能在自己盈利的同时还能让别人也感到快乐，那么他每天都会觉得生活很有意义，而且他所走的道路必会越来越辉煌。许多成功的百万富翁们的经历都证明了这一点。

那个说自己在费城经商一无所获的人，他的经商原则一定有不对的地方。如果我在某天早上进入你的商店问你："你认识某人吗？他家住在哪里？"

"啊！你说他呀！他就在街角的商店里上班。"

"他是什么地方的人？"

"不清楚。"

"他家里有多少口人？"

"不清楚。"

"他在选举中投了谁的票？"

"不清楚。"

"他上哪儿做礼拜？"

"不清楚，我从来不在乎这些，请问你为什么要问这些问题？"

假如是你在回答，你会这样回答我的问题吗？如果答案是肯定的，那么你就和我当年在马萨诸塞乡村帮父亲经营杂货店时一样，在经营方式上犯了错。你不关心你的邻居在来费城前是住在什么地方的，你也不介意自己不知道。假如你介意的话，也许你现在就是一个富翁了。如果你能关心顾客，对他的所有事情都感兴趣，并清楚他需要些什么东西，那么你早就发财了。但你却总在抱怨说："费城没有赚钱的机会！"你错了，你放弃了就在你家门口的赚钱机会。

又有一个年轻人表示他不能靠做生意为生。虽然我说的都是经商的道理，但它对各行各业都是有用的。

"你为什么不能以做生意为生呢?"

"因为我缺少资金。"

唉! 这些只会游手好闲的懦夫们的目光是何等的短浅，他们整天不做正事却在街头宣布:"假如我有足够的资金，我也能赚到大钱。"真是令人叹惜! "年轻人，你是说假如你有了钱你就能赚到钱吗?"

"是的。"

但我却要说:"你肯定不行。"

如果你的父母很富有，能给你大量的资金做生意，那么你也不过是在为父母做生意。

年轻人如果得到了并不是自己所赚的钱，那相当于在害自己。继承遗产并不能给年轻人带来任何帮助。为自己的孩子留下大量的钱财其实是在害他。但假如是让孩子受到良好的教育，树立起崇高的思想和高尚的信仰，在社会上和朋友中留下很好的名声，那才是真正地帮助孩子。仅仅给他们金钱，不会对他们有丝毫好处，也会对国家造成不利影响。年轻人啊，不要认为能继承财产是一件很幸

福的事情，那些不是你赚来的钱会成为你一生的祸
害，使你无法感受人生中最美妙的东西。做富翁的
子女其实很可怜，因为他们往往没有自己的人生经
历。可怜的富翁的子女，他们可能永远都没法理解
人生最美好的东西是什么。

人生最美好的事情应该是这样的：一个发奋图
强的年轻人遇到自己心爱的女人，他决心营造一个
属于自己的家。爱情使他有了神圣的责任感，他希
望拥有更美好的东西，他改掉了所有坏习惯并开始
在银行里存钱。当他拥有了自己的几百美元的存款
后，他会花去近一半的钱去附近的乡下为自己找一
处住房。他会自豪地说："这个家完全是我靠自己
的双手创造的，它只属于你和我。"这一时刻就是
人生最美丽的时刻。

但是，作为富翁的儿子，他就可能没有这种体
验。他把新娘带进装修得富丽堂皇的房子时，他不
得不说："这是我母亲给我的，那也是我母亲给我
的。"于是新娘可能会怀疑自己是不是在和他的母
亲结婚，这种人实在太可怜了。有人曾做过一个统
计，在马萨诸塞州有 17 个富翁，他们的儿子全部
都在穷困潦倒中死去。我真的很可怜这些富翁的儿
子，因为他们没能像范德比尔特的儿子那样能发奋

图强。这位年轻人曾问他的父亲老范德比尔特：
"你的财富都是自己创造的吗?"

"没错,我的孩子,当初我开始在渡船上干活时,我每天的报酬只有25美分。"

"那好。"年轻人对他的父亲说,"我也能做到像你那样。"

谈话后的一个星期天的晚上,年轻人也尝试到渡船上找一份工作,但没有成功。最后他终于找到了一份每周能给他带来3美元报酬的工作。一个富翁的儿子能够这样做,证明他是经受得起磨难的,而且这种经历将会带给他比高等教育带给他的帮助更大。有了这样的经历后,他才能够管理好他父亲的百万资产。不过很多富翁都不会让自己的下一代去做自己发迹前的那些事,也不会让儿子去做又苦又累的工作,至于孩子的母亲,她会更反对。为什么?因为母亲会认为让娇生惯养的儿子以劳动谋生是一种羞耻。因此,做富翁的儿子有时候确实令人同情。

我还记得有一个住在附近的富家子弟,我曾参加过他举办的盛大的宴会。当时还有很多绅士参加在场,我身边也坐着一位年轻的富翁的儿子。当我准备告辞回来时,这个年轻人热心地对我说:"康维尔先生，你已经病了两年了，还是让我用大轿车送你回家吧！"我向他表示了感谢。也许这样谈论他不是很礼貌，但我所讲的都是事实。上车后，我坐在司机旁边的位置上，当车子驶上大街后我忍不住问司机："这辆汽车值多少钱？"

"不含税售价为 6800 美元。"

"啊，"我惊叹道，"车子的主人自己开过它吗？"

也许是我的问题太好笑了，司机忍不住开怀大笑，以至于汽车都失去了控制：他把车子开上了人行道，绕过了街道拐角处的一个灯柱后终于又回到了大街上。他停下车，仍禁不住在那儿大笑，由于笑声太大，整个车子好像都在颤抖。最后，他喘着气对我说："他能开这东西！到地方后他知道怎么下车就算很不错了。"

我还要讲一下我在尼亚加拉瀑布附近碰到的一个富翁的儿子。那一天我布道结束后回到旅馆，在前台附近看到了一个来自纽约的百万富翁的儿子，那家伙简直就是软弱无能的人类的代表，让人难以描述。他头戴一顶配有金流苏的帽子，腋下挂着一根拐杖，拐杖上端的金子比他头上戴的还要多。鼻子架着一副眼镜完全挡住了自己的视线，脚上虽然穿着名牌皮鞋，但走起路来却踉踉跄跄的，裤子绷

方向的20堂课

得紧紧的，根本没法坐下。反正，他的打扮让他看起来像个蝗虫。这个活像蝗虫一样的人来到前台，用手挪动了一下挡住视线的眼镜，开始用口齿不清的英语和服务员讲话。"先僧（生），给我拿一色（些）杏（信）子（纸）和杏（信）封。"服务员看了他一眼后，从抽屉里拿出了信封和信纸，从柜台上扔给了那人，然后继续看登记簿。信纸和信封扔过来时，那年轻人的反应你们肯定想像不到。他像只火鸡似地鼓起身子，扶了一下挡住视线的眼镜，冲着服务员喊："回来，先僧（先生）让四（侍）者把这些东西拿到那边的猪（桌）指（子）上。"唉！这个让人可悲又可恨的美国跳猴！他竟不会自己动手把纸和信封拿到 20 步外的桌子上。我猜想他是无法弯腰拿东西。我们不用同情这种畸形的人。年轻人假如没有资金，那也不用担心，因为生活的常识比金钱更重要。

● 〈智慧点金石〉

● 假如你能动手调查一下周围街道上的居民需要
什么东西，然后列出一张清单，再决定你该出
售什么并购进货物，相信你很快就会获得
利润。

● 年轻的时候尽量去过正直的生活，不要到快老
的时候才学会感受生活的乐趣。

● 假如一个人能在自己盈利的同时还能让别人也
感到快乐，那么他每天都会觉得生活很有意
义，而且他所走的道路必会越来越辉煌。许多
成功的百万富翁们的经历都证明了这一点。

● 年轻人假如没有资金，那也不用担心，因为生
活的常识比金钱更重要。

致富的秘诀

　　我将用一个大家都熟悉的真实的故事来证明一个真理。大家都知道斯图亚特，他原本是纽约的一个贫穷的小孩，他用1.5美元开始自己的谋生之路。他的第一笔生意使他损失了87.5美分。他有幸在自己的第一步生意上失败。他下决心再也不冒险去做生意了。的确，他从此以后再也没冒过险。大家都清楚他损失87.5美分的经过——他买了些纽扣和针线都没有卖出去，这些东西积压在手中使他赔了钱。他吸取了教训后表示再也不会这样赔钱了。他挨家挨户地询问人们的需要，再用剩下的62.5美分买到人们所需要的东西。他成功的秘诀是，做任何事情以前都仔细地研究对方的需求。你只有了解到人们的需求，然后才有可能投其所好，才能成功，斯图亚特按这种原则经商，最后赚了4000万美元。后来，沃纳梅克继承了他的事业，把斯图亚特在纽约创立的商店经营得更加成功。他认为获得财富有一个重要的诀窍：要将自己的资金投入到别人的事务中去。各位，你们又要等到什么时候才能领悟到这个教训呢？制造商们，你们又要到什么时候才知道成功的前提就是要满足人们不断变化的需要呢？所有的商人，不管他是不是基督徒，也不管他是制造商还是经销商，或是小商人，他们的商业行为都是建立在满足人们的需要上。这是一个适合全人类的真理，它本身如同《圣经》一样深刻。

　　有关约翰·雅克·阿斯特的事迹也是一个很好的例子。他创造了辉煌的纽约阿斯特家族。虽然他是个靠借钱买船票过太平洋的贫穷的年轻人，但他却因坚持一条原则而创造了阿斯特家族的奇迹。也许在场的某些人会说："那是纽约，费城是不可能会发生这样的事的。"朋友，难道你们中就没有人读过里斯的著作吗？他有一本书写了有关 1889 年全美国 107 位富翁的情况。各位，只要你们仔细读这本书，你们就会发现，书中的富翁只有 7 位是在纽约发的财。这 107 位富翁当时拥有总价值 1000 万美元的房地产，他们中有 67 位都是在人口不到三五千的小镇上赚到钱的。假如你研究一下资产表，你很快就会发现，如今美国最富有的那些人中，一生都

改变人生
方向 的20堂课

居住在只有三五千人的小镇上的人很多。你是谁或你在什么地方都不重要，重要的是如果你在费城不能赚到钱，那么你就有可能在纽约或其他地方都赚不到钱。

约翰·雅克·阿斯特的故事告诉我们，他的成功与他所在的地方无关，他是在任何地方都会取得成功的人。

阿斯特曾经买下一家严重亏损的女帽专卖商店。原来的店主表示自己运气不好，生不逢时。但阿斯特从不这么想，他相信事在人为。他一个人独自来到公园里的树阴下观察行人。当他发现有位优雅大方的女士戴着一顶美丽的帽子时，他努力记下了帽子的款式和材料。回到店里后，他吩咐店员们按他的描述做一顶帽子出来摆到橱窗中去。他对店员们说，这种帽子受女士的欢迎也能吸引众人的目光。做完这一切后，他又到公园里继续观察从他身边走过的那些女士所戴的帽子，然后他根据自己的体会指导店员们做出了一顶又一顶漂亮精致的帽子。不久，大量的顾客被吸引到他的店里来了。慢慢地，他的商店成为全纽约生意最好的女帽和女装专卖店。阿斯特的事例告诉我们：成功来自努力！成功来自市场！成功来自引导未来！

如果我问在座的听众一个问题，就是在这个工业十分发达的城市有没有人从制造业中找到发财的机会。也许会有年轻人这样回答："有，前提条件是得到某个托拉斯的支援或有两三百万美元作为流动资金，那么就有可能在这里发财。"年轻人，打击"大企业"而迫使托拉斯解体的史实告诉我们，目前是中小企业发财的最好机会。现在，不管你有没有资金，你都有可能从制造业中迅速获利，有史以来从来没出现过比这更好的机会。

但可能有人会说："那是根本不可能的，没有资本，怎么能做生意呢？"我能解释这一点，而且我觉得我有责任让每一位年轻的男女都知道，让他们能够按计划实施自己的创业工程。大家记住，如果能够掌握市场的需求，那么你们所知道的信息就比任何资金都更重要。举例来说吧：在马萨诸塞州曾有一位失业工人，家里十分贫穷，他终日在家百无聊赖。有一天，他的妻子劝他出去找工作，但他却出门在海边坐了一天。闲坐在海边时，他把一块被海水泡湿了的木头雕成了一个小人。当夜，他的孩子们为了夺他带回的木头人吵了起来。于是他只好又为孩子们做了一个。正当他为孩子们做第二个玩偶时，他的一位邻居来到他家，认为他做的玩具很有意思，于是就建议他雕玩具卖。

"啊。"他说："可是我不清楚我该做些什么东西。"

"问你的孩子们吧！他们会告诉你需要什么？"

"那可能没有用吧！"这位工匠说，"我的孩子和别人的孩子又不一样。"

但是，他最后还是接受了邻居的建议。次日清晨，当女儿玛丽下楼时，他就问："孩子，你们爱玩什么样的玩具？"女儿一口气说了一大串玩具——脸盆架、马车、小雨伞等。足以让他忙上好一阵子。就这样，他通过在家向儿女们询问他们喜欢什么来寻找灵感并知道整个市场的需求。因为他没有钱，所以他用当柴火烧的木头来雕那些结实的原木玩具。渐渐地，这种玩具开始在全世界都受欢迎了。那个最初只打算为孩子们做些玩具的人，后来慢慢按儿女们的爱好做出了更多的玩具并放在邻居的鞋店里面销售。刚开始时，他只能赚一点钱，后来他越赚越多。劳逊先生在写《狂热金融》一书时，曾介绍了这个一度成为马萨诸塞州最富有的人。他如今的1000多万美元是通过他在三四十年来一直坚持一条原则换来的——人们应通过了解自家孩子的爱好来推断其他孩子的爱好，通过先了解自己、家人的内心来分析他人的内心，这是制造业能取得成功的重要的原理。"噢，"大家也许会问，"难道他就没有任何流动资金吗？"没有，他是用一把小刀起家的，但谁也不知道他那把刀是否是他自己花钱购买的。

有一回我在康涅狄格州新不列颠演讲时也曾讲述这个故事。当时有位坐在第五排的女听众回家后想把衣领取下来，无奈领子上的纽扣卡在扣眼里了。她费了很大的劲才把纽扣拽出来，并说："我要发明一种更好的纽扣。"她的丈夫回答说："听了康维尔的演讲后，你受到了启发，知道能更好更方便使用的纽扣有极大的市场需求，是一笔巨大的财富。那好！你就去发明纽扣吧！也许你很快就会成为富翁了。"他讽刺她妻子时也趁机讽刺了我。我对这件事一直很伤心，它是我心头的一个阴影。虽然这几十年我也一直以劝导世人为己任，但我并没有发现有显著的收获。也许今天晚上你们会对我的演讲大加赞扬，但我并不认为你们中哪怕有1/10的人会因为我今天的话而赚到100万美元。不过我认为钱不在我而是在你们身上，我是在实话实说。假如大家听了我的演讲后并不按我所说的去做，那我也就丝毫没有作用了。

　　我上面提到的那位女士，虽然受到了丈夫的讽刺，但她想发明一种更好、更方便的纽扣的决心丝毫没变。她说做就做，悄悄地开始动手了。后来，这位新英格兰女士发明了现在随处可见的按扣——要想解开衣服只需扯一下扣子就可以了。这位发明了按扣的女士后来还发明了好几种不同的纽扣并都投入了生产。渐渐地，她成为很大的厂商的合作伙伴。现在，这位女士每年都会在夏季来临时乘着自己的私人游船在海上旅行，而她的丈夫也和她一道。当然，假如她认为有必要的话，她绝对有能力为他买一个诸如公爵、伯爵或其他什么尊贵的称号。

　　这件事能给人什么样的启示呢？它告诉世人，其实财富离你们很近，但你们却往往视而不见。这个女人因为抓住了机会所以她就发财了。

　　有份报纸上曾有这样的一篇报道：女人从来没有发明过任何东西。这家不负责任的报纸简直应该停办。

　　谁说女人从来没有发明过任何东西？我告诉你们，印刷工人用的滚筒、印刷机，也都是一位农民的妻子发明的。还有，是谁发明了轧棉机才使美国经济得以飞速增长？是志纳瑞尔·格林夫人。惠特尼先生讲解了其中的原理。又是谁发明了缝纫机？假如明天我去学校问你们的孩子，他们一定会告诉我是伊利阿斯豪先生。

事实并不是这样，我和伊利阿斯豪共同参加了南北战争，并有幸同住在一个帐篷里。他常跟我说他花了14年时间试图发明缝纫机，但一直没有成功。有一天，他的妻子也加入了。因为这种机器再不发明出来，她们全家很有可能要被饿死了。两个小时后，他的妻子就成功了。当然，申请专利的时候阿斯豪先生还是用了自己的名字，因为男人都会这样做。

对了，又是谁发明了收割机和除草机，麦柯考米克先生发表了一个声明，指出是一位弗吉尼亚州的妇女发明了这两样东西。麦柯考米克先生和他父亲都曾尝试发明收割机，但都没有成功，后来两人都放弃了努力。但是，这个女人却没有放弃，她找来很多大剪刀并把它们钉在一块木板的边上，每一把剪刀都有一把柄可以活动，她用线把这些能活动的剪刀柄连接起来，当她向一个方向拉的时候，剪刀就合拢了；当她向另一个方向拉的时候，剪刀就张开了。她就这样找到了除草机的原理。现在，只要你看一下除草机，你就会发现它只是由很多个大

剪刀构成的。连女人都能发明除草机、轧棉机及对
钢铁业意义重大的轧钢机（卡耐基先生指出，正
是轧钢机，为美国所有的钢铁企业奠定了基础），
那么，我们男人理应更有能力发明其他东西。我之
所以这么说，只是想鼓动男士们。

　　我又要再次向大家提问："这世上最伟大的发
明家是谁?"他可能就是你自己或你身边的人。
"不，"你肯定会反驳，"我这一生从来没有发明过
任何东西。"直到在某一天发现一个重大秘密之
前，往往伟大的发明家们也可能没有任何发明创
造。也许你认为大发明家就应该拥有一颗硕大的脑
袋或有像闪电一样锐利的目光。不是的，伟大的人
因为深明常理所以看起来更普通，更平淡无奇。在
没有看到他们的实际成就以前，也许你做梦都想不
到他就是天才的发明家。他的邻居们往往也不会把
他当做伟人，因为人们在自家后院是永远不会发现
新大陆的。俗话说得好，身边哪会出伟人呢？伟人
都应该在遥远的地方吗？身边的伟人们因为太朴
素、太真实、太实际，以至于朋友和邻居们往往都
没注意到。

　　真正的伟人经常为人所不知，这是事实。人们
往往会对身边最伟大的人物一无所知。当我要为菲

尔德将军写传记而去他家时，正好碰到他门前有一大群人在围观。他的一位邻居得知我有急事要见将军，连忙把我带到将军的后门，他大声地喊："吉姆！吉姆！"一会儿，"吉姆"真的来为我开了门并让我进了屋。我就这样为美国历史上最伟大的人物之一写了一部传记。不过，在他领导们的眼里，他还是过去的那个"吉姆"。在费城也一样，如果你认识某位伟大的人物，当你明天早上碰到他时，你肯定也会这样向他问好："早安，吉姆！"或"早上好！吉姆！"

因为南北战争时期的一位战友被判死刑，所以我生平第一次来到首都华盛顿并准备入白宫求见总统。在会客室里，我和很多人坐在长椅上等候，总统的秘书挨个询问了他们的要求后进入了总统办公室。当他再次从办公室出来时，他示意我过去。秘书把我带到前厅，然后指着一扇门对我说："这就是总统办公室，你自己敲门进去吧！"我立即感到前所未有的紧张，不知所措地僵立在门前。我是久经战场的老兵，即使是在安提他姆前线，时常有炮弹在我周围呼啸爆炸，我也没有像今天这么紧张。最后，我还是鼓起了勇气，伸直胳膊去敲了一下门，里面根本没人开门，只有一个声音在喊："进来，自己坐下。"

进门后，我拘束地坐在椅子边上心想，要是此刻仍在欧洲那该多好啊！坐在桌子后面的那个人根本没抬头看我，他是世界上最伟大的人之一，他是凭自己的原则获得成功的。假如现在整个费城的年轻人都在这儿就好了，我会给他们讲那条使总统获得成功的原则：因为这条原则肯定能给费城甚至人类的文明都带来伟大的影响。使亚伯拉罕·林肯成为伟人的那条原则几乎每个人都能做到。这条原则很简单——那就是做任何事情都尽力而为，坚持到底直到最后胜利。它能在世上任何地方造就伟人。

林肯总统仍在埋头工作，我坐在椅子上，紧张得忍不住颤抖起来。最后他终于批完了文件，他用绳子捆好文件并把它放到一边后，才抬头看着我，疲惫的脸上露出了微笑。他说："我的时间很紧，你要用最简洁的语言把你的要求告诉我，最好能在几分钟内说完。"我连忙告诉他那件案子的始末。他听后对我说："这件事我知道，现在你可以放心地回去了，总统不会忍心下令将一个不到 20 岁的小伙子判死刑的。你可以放心地转告孩子的母亲，他的儿子绝对不会被判死刑。"

稍停一会儿，他又问我："战场上的情况如何？"

我回答说："有时候我们的士气不高。"

他说："不用担心。我们现在离胜利已经很近了，马上就可以看到光明了。谁也不应该指望自己做美国总统，任期满后，我会很高兴的，那时我就能和泰德回伊利诺斯州斯普林菲尔德老家了。我已经为自己在那儿买了一座农场，就算我每天只能赚25美分，我也不会在乎。泰德还能养几头骡子，而且我们还能种洋葱。"

他看了我一眼问道："你从小也生活在农场吗？"

我说："是的，我是在马萨诸塞州的伯克郡山庄长大的。"

总统让他的一条腿在椅子的一角活动了一下，又接着说："我曾听说在伯克郡山庄有个习惯，你们那里的人会把羊的鼻子削尖让羊能把嘴伸到岩缝里吃草。"他亲切地面对着我，平易近人得像个农夫，一下子，我的拘束消失得无影无踪了。

一会儿后，总统从桌上拿起了一份文件，他看着我说："再见。"我明白他的意思，知道自己该走了。出门后，我仍对自己的经历难以相信，我竟受到了美国总统的接见。几天之后，我又在那座城市见到了他，我随人群穿过白宫的东宫去瞻仰林肯总统的灵柩。我心想：他是这么的朴素踏实，我在

改变人生
方向的 20 堂课

几天前还见到过他。他是上帝选中的伟人之一，带领一个国家走向胜利、走向强盛。但是，在他邻居们的眼中，他仍是那个"老艾贝"。举行丧礼时，我也应邀在护送灵柩的队伍中，随总统的灵柩来到了斯普林菲尔德墓地。墓地上来了很多林肯的老邻居，对他们来说，林肯仍是"老艾贝"。

你见过那些骄横拔扈、趾高气扬，就是撞到正在工作的汽车修理工身上都毫不理睬的人吗？你认为这种人伟大吗？实际上，他们不过是只充满了气的气球，被两腿拽住了。这种人一点都不伟大。

谁才是最伟大的男人或女人？几天前，我听到了有关一种小东西的故事，正是这个小东西让一个身无分文的人发了财。这个人有过一段十分惨痛的经历，有了这段经历后，这个既不是发明家也不是天才的人发明了一种更新、更方便的别针——现在普遍使用的安全别针。就是因为发明了这种小别针，这个人成了美国最富的家族之一的创始人。

马萨诸塞州有一位装订厂的穷工人，在他 38 岁时因工负伤，丧失了劳动能力。后来，他只好在办公室做记录、整理账单，收入十分微薄。他每天都要用橡皮擦账单，很快手就累得酸痛。后来，他把橡皮绑在铅笔的一端来擦账单，发现又快又容易。他的小女儿发现后对他说："你拥有了一项专利。"他后来说："我女儿指出把橡皮绑在铅笔的一头就是一项专利发明，这就是我最初的想法。"果然，他在波士顿成功地申请了专利。

● 〈智慧点金石〉

● 沃纳梅克认为，获得财富有一个重要的诀窍：要将自己的资金投入到别人的事务中去。

● 约翰·雅克·阿斯特的故事告诉我们，他的成功与他所在的地方无关，他是在任何地方都会取得成功的人。

● 成功来自努力！成功来自市场！成功来自引导未来！

● 人们应通过了解自家孩子的爱好来推断其他孩子的爱好，通过先了解自己、家人的内心来分析他人的内心，这是制造业能取得成功的重要的原理。

● 其实财富离你们很近，但你们却往往视而不见。

相信自己

　　我想再问大家一个问题：请大家想一下费城有几个伟大的男人或女人。也许有人会立即反驳说："费城根本就没出现过什么伟人，伟人从不住在这里，他们住在罗马、圣彼得堡、伦敦，还有其他一些地方，但不在费城。"

　　下面我们来讨论一下让人深思的问题，它一直萦绕着我：那就是费城为什么没有成为一座更繁华、更富足的城市？为什么费城没有超出纽约？肯定有人会说："那是因为纽约有海港。"那为什么还有那么多其他的城市也超出了费城？原因很简单，那就是费城人看不起费城。假如说世界上还有哪座城市需要被人鞭策才能向前发展，那无疑就是费城。驳回了修建林阴大道的提议；驳回了修建更好、更先进的校园的提议；驳回了修改法制的提议。所有能促进费城发展的提议都被驳回了。因为费城给我很多，所以我必须指出这座美丽城市的不足：费城人的精神不振。好好巡视一下费城，你们就会发现她现在正处在百废待兴的状态中，我们应该学习芝加哥、纽约或圣路易斯、旧金山等城市，为后人做一番轰轰烈烈的事业，把费城建设成为一座伟大的城市！

努力吧！数以万计的费城人，相信上帝是爱你们的，相信人类的力量是无穷的，相信在费城也有发展商业的良机——记住，不是在纽约或波士顿，而是在费城。只要我们奋斗，在费城也会有机会得到生命中所有有价值的东西。让我们现在就开始为振兴费城而奋斗吧！

我冒昧说了上面的这些话，我想我已经讲了很长时间了。但现在仍有两位年轻人对我的话理解有误。一位年轻人说："费城肯定会出现一位前所未有的伟人。"

"噢！这是真的吗？你能肯定自己在什么时候成为伟人呢？"

"当我在选举中脱颖而出成为政府职员时。"

年轻人，难道你连一点常识都不知道？政治学初级课本中就清楚地指出：在现行体制的政府中担任公职的人是十分渺小的。要知道，政府公务员都

改变人生方向的20堂课

是人民的公仆，因为现在公务员是为人民服务的。同时，《圣经》也指出，仆人是永远都不可能高于主人的。被派遣的人不可能大于派遣他的人。假如人民是真正的统治者，那么我们不会需要看似伟大的人出来领导政府。一旦这种看似伟大的人出任了政府的要职，那不用 10 年，我们的国家就会变成一个帝国。

妇女也马上可以参加选举了，我曾听到许多妇女说："总有一天我也有可能成为美国总统。"我对妇女获得选举权持支援的态度，这是社会发展的趋势。也许我自己也渴望以后能在政府中担任一个公职。但如果我的获任会影响到妇女参选，那我愿意把告诫年轻男人的话也对她们说——那就是仅仅获得投一票的权利其实意义不大，除非你能影响很多张选票，否则还是没有人能知道你的存在，个人的力量与社会相比实在是太小太小了。要知道，美国并不是全靠选票来统治的。难道你认为选票有那么重要吗？美国其实是靠影响力来统治的，你追求的应该是影响投票的雄心和魄力。仅是为了想担任公职而去投票的年轻女性犯了一个愚蠢的错误。

又有一个年轻人站出来说："在美国，在费城，肯定会有伟人出现。"

"真的！那会在什么时候呢？"

"当发生一场激烈的战争的时候，当我们和墨西哥或是英国发生战争，或是与日本、中国或者其他的国家爆发了战争。那时候我将会勇敢地在前线冲锋陷阵，奋勇杀敌，我将会迎着敌人的炮火冲进敌人阵营，我将会拔去敌人的旗帜，我将会胜利而归。当我荣归故里时，我将满载荣誉和勋章，我会出任政府指派的公职，我将成为一个受人尊敬的伟人。"

错了，这不叫伟人。虽然你认为出任公职能使你变得伟大，但我不得不告诉你实情，假如你在上任前是平庸的，那么你也不可能因为担任公职而变得伟大。这只能是个异想天开的笑话。

为了纪念对西班牙战争胜利五十周年，我们举办了以和平为主题的庆祝活动。欧洲国家对此十分惊诧，他们认为这样会使费城人民在50年后不会知道什么叫西班牙战争。你们中肯定有人经历了当时布劳得大街的游行庆祝。虽然我当时不在费城，但家人却写信告诉我，当豪普逊中尉乘坐的四轮马车从我们家大门口经过时，人群在大声高呼："豪普逊万岁！"如果当时我身临其境，我想我肯定也会这样狂呼：因为豪普逊中尉对这个国家的贡献使他理应得到更多的荣誉。假如我们到一所学校去问学生们是谁击沉了梅里马克号！肯定会有许多男孩以尊敬的口吻说是豪普逊中尉。但我认为他们说的并不全对，因为实际上是豪普逊指挥船上的另外7名战士成功地击沉了梅里马克号，那些战士都是无名英雄，他们在西班牙人的炮火下坚守岗位，而豪普逊却可以待在烟囱后面，因为他是指挥官。在座的有很多聪明人，但我肯定没有一个人能说出当时在船上的另外7位无名英雄的名字。

再讲历史没有什么意义，但我们必须让人们明白：那就是一个人不论他从事的是什么职业，只要他尽心尽力做好了他的本职工作，那他就与美国总统一样，都有资格成为人民的英雄。不过现实却没有这样教育人们，流传最多的说法都在告诉人们战役是将军们打下的。

我还记得一件发生在南北战争时的事，当时我去南方看望罗勃特·爱德华·李将军，他是位虔诚的基督教徒，所有的美国人，不分南方人还是北方人都认为他是个伟大的美国人，都为他感到骄傲。将军跟我讲了一个有关他仆人的故事。仆人名叫拉斯特斯，是位要入伍的黑人。一天，李将军取笑他说："拉斯特斯，听说你们全连的人都英勇牺牲了，你又为什么能生存下来呢？"拉斯特斯看了将军一眼后说："因为每次战斗开始后，我都要随将军们一起往安全的地方转移。"

我还记得另外一件事。当我紧紧地闭上双眼时，我好像又看到了自己年轻时代的那些面孔。没错，当时他们曾对我说："你真是年轻力壮，你没日没夜地工作，从来没有停歇过，但你却没有变老。"和所有的老人一样，当我一闭上眼睛，我眼前又会出现许多年前那些爱过和失去了的人的面孔。是的，不管承不承认，我现在都已经老了。

一个人之所以伟大，并不是指他在担任什么重要的职务，而是指他在贫困时就能不忘立志做大事，在卑微时也形成壮举。假如一个人立志要成为伟人，那么他此时此刻在费城也应该有一番作为，也能伟大，假如他能为这座城市创造更美的街道、更好的人行道、更多的学校；假如他能为这座城市中的人带来更多的幸福、更先进的文明和更虔诚的信仰，那么他无论在何时何地都是伟大的。在场的每一个男女都应该记住这一点。假如你想成为一个伟人，那么你就要从此时此刻开始行动，从自己现在所处的位置开始行动，从费城开始行动。只要一个人能给他的家乡创造好的福利，能成为他所在社会的好公民，能创造更美丽的家园，那么无论他从事的是什么工作，是营业员也好，是出纳也好，是家庭主妇也好，也无论他是否富裕，他都能在任何地方成就伟大的事业。最重要的是，他首先要努力使自己的故乡——费城变得更伟大。

● 〈智慧点金石〉

● 我们必须让人们明白：那就是一个人不论他从事的是什么职业，只要他尽心尽力做好了他的本职工作，那他就与美国总统一样，都有资格成为人民的英雄。

● 一个人之所以伟大，并不是指他在担任什么重要的职务，而是指他在贫困时就能不忘立志做大事，在卑微时也形成壮举。假如一个人立志要成为伟人，那么他此时此刻在费城也应该有一番作为，也能伟大，那么他无论在何时何地都是伟大的。